U1018861

江苏省高级人民法院 公报

GAZETTE OF THE HIGHER PEOPLE'S COURT OF JIANGSU PROVINCE

江苏省高级人民法院　编

编辑委员会

主　任：夏道虎
副主任：郑立新
编辑委员会成员（以姓氏笔画为序）：
马　杰　马　荣　王　成　王连权　韦瑞瑾　叶　巍
毕晓红　朱　嵘　刘　振　刘嫒珍　汤小夫　汤茂仁
孙晋琪　孙效增　苏学增　李　荐　李玉生　李玉柱
李亚林　张志成　张婷婷　金　飚　周建明　郑琳琳
段晓娟　俞灌南　倪志凤　章　润　景水平　潘军锋

主　编：李玉生　马　荣
副主编：张志成　董蕾蕾　曹美娟　王国亮

编辑部
主　任：曹美娟（兼）
副主任：缪　芳　卢燊绅
编　辑：左一凡　宋泰玮

法　律　出　版　社
——北　京——

图书在版编目(CIP)数据

江苏省高级人民法院公报. 2022年. 第5辑 : 总第83辑 / 江苏省高级人民法院编. -- 北京 : 法律出版社, 2023

ISBN 978-7-5197-7527-8

Ⅰ. ①江… Ⅱ. ①江… Ⅲ. ①法院-文件-汇编-江苏-2022 Ⅳ. ①D926.229

中国国家版本馆CIP数据核字(2023)第021400号

江苏省高级人民法院公报
(2022年第5辑:总第83辑)
JIANGSUSHENG GAOJI RENMIN FAYUAN GONGBAO
(2022 NIAN DI-5 JI:ZONG DI-83 JI)

江苏省高级人民法院 编

责任编辑 冯高琼
装帧设计 汪奇峰 贾丹丹

出版发行 法律出版社
编辑统筹 法规出版分社
责任校对 张红蕊
责任印制 耿润瑜
经　　销 新华书店

开本 A4
印张 4.75　**字数** 96千
版本 2023年6月第1版
印次 2023年6月第1次印刷
印刷 三河市兴达印务有限公司

地址:北京市丰台区莲花池西里7号(100073)
网址:www.lawpress.com.cn
投稿邮箱:info@lawpress.com.cn
举报盗版邮箱:jbwq@lawpress.com.cn

销售电话:010-83938349
客服电话:010-83938350
咨询电话:010-63939796

版权所有·侵权必究

书号:ISBN 978-7-5197-7527-8　**定价**:15.00元

凡购买本社图书,如有印装错误,我社负责退换。电话:010-83938349

江苏省高级人民法院公报

2022 年第 5 辑(总第 83 辑)

司法文件

审判动态

参阅案例

裁判文书

任免决定

版权所有

江苏省高级人民法院印发《关于健全治理欠薪工作长效机制的意见》的通知

（苏高法〔2022〕251 号　2022 年 12 月 2 日）

各市中级人民法院、南京海事法院，徐州铁路运输法院、各基层人民法院，本院各相关部门：

为全面贯彻党的二十大精神，积极落实党中央、国务院关于根治欠薪工作决策部署和省委省政府工作要求，充分发挥审判执行职能作用，切实维护劳动者合法权益，省法院党组讨论通过了《关于健全治理欠薪工作长效机制的意见》。现印发给你们，请结合工作实际，认真贯彻落实。

关于健全治理欠薪工作长效机制的意见

为贯彻落实党中央、国务院关于根治拖欠农民工工资的决策部署和省委省政府工作要求，充分发挥审判执行职能作用，健全全省法院治理欠薪工作长效机制，结合工作实际，制定本意见。

一、总体要求

（一）指导思想

坚持以习近平新时代中国特色社会主义思想为指导，深入贯彻习近平法治思想，全面贯彻落实党的二十大精神和习近平总书记关于构建和谐劳动关系的重要指示批示，坚持以人民为中心，贯彻新发展理念，构建新发展格局，服务高质量发展，充分发挥审判职能，推动治理欠薪工作取得更大成效，保障和改善民生，促进构建和谐劳动关系，维护社会公平正义和社会和谐稳定，为全面建设社会主义现代化国家提供坚强有力司法保障。

（二）目标任务

坚持“快立、快调、快审、快执”，畅通欠薪案件绿色通道，强化繁简分流，完善审判机制，实现方便立案、适时调解、及时判决、优先执行，确保欠薪案件公正高效审判执行。建立健全治理欠薪组织领导、审判管理、业务指导工作机制，形成组织有力、齐抓共管、智能支持的保障机制，确保全省法院治理欠薪工作“一盘棋”。聚焦源头预防、前端化解、协调联动、实质解纷，推动健全完善欠薪案件多元解纷、联动化解工作格局，促进社会治理体系和治理能力现代化建设。

二、工作机制

（一）建立公正高效审判执行机制

1. 建立完善欠薪案件一站式诉讼服务机制。设立“绿色窗口”，对欠薪案件优先委托调解、优先审查立案，为经济困难的农民工群体办理诉讼费缓、减、免手续或者申请法律援助。依托“家门口式”诉讼服务，提供跨域立案、跨域卷宗查阅、跨域领取文书等一站式诉讼服务，实现“就近能办、异地通办”。全面落实立案登记制，做到有案必立、有诉必理，坚决杜绝拖延立案，切实保障劳动者诉权。

2. 公正高效审理欠薪民事案件。事实清楚、法律关系明确的欠薪案件，依法适用简易、小额速裁等程序，充分运用集约化送达、在线诉讼、巡回审判，实现简案快审。积极探索欠薪案件要素式、令状式、表格式裁判文书，明确裁判要点，提高审判效率。劳动者举证困难的案件，依职权调查取证。依法支持先予执行、财产保全申请，加强劳动者工资报酬权益兑付保障。强化诉讼调解、诉调对接，妥善运用示范裁判，引导批量纠纷快速化解。依法适用独任制审判程序加快二审欠薪案件审理，切实提升审判质效。

3. 防范和化解重大欠薪风险。准确把握有关保障农民工工资报酬权益的法律法规和司法政策精神，依法妥善审理和执行各类群体性欠薪纠纷。加强涉房地产、教育培训、新就业形态等重点行业企业欠薪风险的隐患排查，及时预警提示，实现化解早、效果好。涉及政策调整、弃企逃债、规模性裁员等重大敏感案件，院庭长加强全程监管，做好事前预防、事中化解和应急处置，有效依托治理欠薪工作机制，各部门协调配合、会商会办，必要时及时层报上级法院，坚决守住“四个不发生”底线。

4. 提升欠薪案件执行成效。坚持“三优先”原则，对欠薪案件实行优先立案、优先执行、优先发放执行案款，及时兑现劳动者胜诉权益。开展专项执行行动，不断加大欠薪案件强制执行力度，提升财产处置效率。加大对规避执行、抗拒执行行为的惩戒力度，加快执行案款审批发放流程，保障劳动者及时、足额领取。除法律另有规定外，不得因支付农民工工资以外的原因冻结或者扣划农民工工资专用账户资金和工资保证金。加大对农民工劳动者的司法救助力度，探索拓宽司法救助资金来源渠道，帮助解决临时生活困难。

5. 依法惩处恶意欠薪违法犯罪行为。始终保持对拒不支付劳动报酬犯罪的严打高压态势，对犯罪情节恶劣、造成严重后果的犯罪分子，依法从严惩处。坚持打击犯罪和追赃挽损并重，积极运用认罪认罚从宽制度，将欠薪赔付情况作为被告人认罪认罚重要考量因素，对宣判前积极支付拖欠工资、制定还款计划或者与被害人达成和解的被告人，依法从宽处罚；对拖欠时间长、判前仍未支付的被告人，依法从严惩处。在审判执行中发现涉嫌拒不支付劳动报酬、拒不执行判决、裁定等犯罪行为的，依法及时移送公安机关。

（二）健全完善欠薪纠纷联动工作机制

6. 建立完善治理欠薪协同处置机制。积极融入治理欠薪工作大局，坚持在党委领导下开展各项工作。充分发挥各地根治拖欠农民工工资议事协调机构职能作用，加强与人社、住建、市场监管、公安等部门沟通联络、协同配合，建立健全联席会议、信息共享、个案会商、督查督办、联合惩戒等机制，形成工作合力。在群体性或者矛盾易激化重大欠薪纠纷进入诉讼前，大力加强与工会、人社等部门配合，及时介入，建言献策，依法促成和解或者调解解决。

7. 推进欠薪纠纷诉调对接机制建设。加快落实“总对总”在线诉调对接机制改革，针对欠薪纠纷特点，加强与各级工会、人社等部门对接，及时将各级工会、人社推送的符合条件的调解组织和调解员纳入人民法院特邀调解员名册，通过“江苏微解纷”平台大力推进在线委派、委托调解和在线司法确认等工作。当事人对调解成功的纠纷，向人民法院申请在线司法确认或者出具调解书的，人民法院应当依法及时进行审查。

8. 深化欠薪纠纷裁审衔接机制。贯彻落实最高人民法院与人社部联合印发的《关于劳动人事争议仲裁与诉讼衔接有关问题的意见（一）》，把握新时期欠薪纠纷裁审衔接工作特点和要求，从案件受理、保全、执行等方面进一步规范仲裁与诉讼的程序衔接，切实维护当事人的合法权益。开展业务交流，加强沟通协作，有效发挥人民法院引领、推动和保障作用，促进仲裁更好发挥便利、前置解决纠纷的优势，推动更多矛盾纠纷诉讼外化解。

9. 强化欠薪失信联合惩戒。进一步规范纳入、撤销、删除失信被执行人名单措施，被执行人未履行生效法律文书确定的义务，并具备法定情形的，人民法院应当将其纳入失信被执行人名单，依法对其进行信用惩戒。加强与相关职能部门沟通协调，及时将失信被执行人名单信息，向政府相关部门、金融监管机构、金融机构、承担行政职能的事业单位及行业协会等通报，供相关单位依照法律、法规和有关规定，对失信被执行人予以信用惩戒，充分发挥失信联合惩戒在治理欠薪中的积极作用。

（三）建立完善参与欠薪纠纷社会治理机制

10. 促进企业规范劳动用工。加强对当地重点企业劳动用工情况调研，通过送法进乡镇、进工地、进行业、进商会等多种形式，促进企业落实劳动合同、最低工资、工时、休息休假等制度，引导企业合法合规经营，培育与中华优秀传统文化相契合的企业文化。依法支持工会、人社等部门开展劳动用工检查监督工作，参加企业用工体检，帮助企业查找用工风险隐患、补齐管理短板，从源头上预防欠薪纠纷的发生。

11. 加强治理欠薪宣传引导。落实“谁执法谁普法”要求，持续开展《保障农民工工资支付条例》普法宣传，积极参与制度落实、省根治拖欠农民工工资工作领导小组新闻通气会等活动，适时发布欠薪案件审判工作情况，大力宣传治理欠薪工作意义、举措和成效，引导全社会关心关爱劳动者、关注企业健康发展。选取有典型性、代表性的案例进行广泛宣传，采取集中执行专项行动互联网直播等方式，营造治理欠薪社会氛围，引导劳动者理性维权。

12. 充分发挥司法建议作用。密切关注欠薪纠纷态势动向，对审判中发现的经济社会发展、社会治理等方面出现的重大苗头性、趋势性问题，加强调研分析，及时向党委政府报告和建议，为科学决策提供参考；对企业用工、部门管理等方面出现的具体问题，及时总结归纳，向有关企业或者部门发送司法建议，规范用工秩序。提高司法建议工作的主动性、针对性和实效性，确保每份司法建议都能做到分析问题准确、依据说理充分、建议切实可行。

三、组织实施

（一）加强组织领导

省法院成立治理欠薪工作领导小组，明确主管领导、牵头部门和参与部门，加强对全省法院治理欠薪工作的组织领导、业务指导和督促落实。治理欠薪工作要列入单位、部门工作要点，牵头部门负责落实领导小组部署要求，承办治理欠薪日常事务，牵头做好共同谋划、推进实施，案件督办、专项行动部署，数据统计、案例收集，经验推广、宣传引导等工作。各成员部门落实专人负责，建立治理欠薪条线工作网络，密切配合牵头部门强化督促落实，加强案件审理执行、审判管理、重大矛盾化解、统一执法尺度、推进专项行动等相关工作。中基层法院参照建立辖区治理欠薪工作组织领导机制，明确牵头部门、成员部门、职责分工。

（二）加强信息化保障

依托智慧法院建设，拓展信息化在治理欠薪工作领域应用功能，为治理欠薪常态长效提供信息化支撑和有效抓手。增加欠薪案件标识功能，通过关键信息抓取、自动识别、智能统计，提升欠薪案件大数据运用和科学分析研判信息化水平，加强高风险欠薪企业、群体性纠纷、虚假诉讼预警提示，实现欠薪案件智能化识别、便利化统计、全流程管理。

（三）加强督促落实

省法院、各中级法院加强本单位治理欠薪工作协调联动和对下监督指导，做到对本单位、本部门、本条线治理欠薪工作心中有数、措施有力。坚持问题导向，加强检查通报，紧盯工作薄弱环节，实现精准督导。以治理欠薪长效机制建立健全、落地见效为重点，深化调研，发现问题，推动整改，加强经验总结推广，促进效果巩固提升。

江苏省高级人民法院印发《关于加强智慧法院建设助力数字经济发展的意见》的通知

（苏高法〔2022〕250 号　2022 年 12 月 1 日）

各市中级人民法院、南京海事法院，徐州铁路运输法院、各基层人民法院，本院各部门：

为充分发挥智慧法院在提升服务保障数字经济发展能力中的重要作用，助力数字经济高质量发展，省法院研究制定了《关于加强智慧法院建设　助力数字经济发展的意见》。现予印发，请认真学习领会，抓好贯彻落实。

关于加强智慧法院建设助力数字经济发展的意见

为进一步加强智慧法院建设，充分发挥智慧法院在提升服务保障数字经济发展能力中的重要作用，推动江苏数字经济高质量发展，助力打造全国数字经济创新发展新高地，根据省委、省政府《关于全面提升江苏数字经济发展水平的指导意见》等文件规定，结合我省智慧法院建设实际，制定本意见。

一、总体要求

（一）指导思想

认真学习贯彻党的二十大精神，坚持习近平新时代中国特色社会主义思想，全面贯彻落实习近平总书记关于网络强国、数字中国和发展数字经济的重要论述，深刻认识加强智慧法院建设是加快推进数字经济高质量发展的重要司法保障。紧紧围绕数字经济发展规律和要素，积极探索智慧法院服务数字经济的应用场景，充分发挥智慧法院优势，助力构建数字经济法治规则，保护数字经济主体合法权益，优化数字经济法治化营商环境，推动数字经济产业发展高效治理，激发数字经济市场创新活力，全力护航全面推进中国式现代化江苏新实践。

（二）基本原则

1. 坚持服务大局。全面树立数字化意识，主动融入我省数字经济创新发展新高地建设，及时回应数字经济发展需求，打造“江苏数字法院提升工程”，推动云计算、大数据、物联网、人工智能、新一代移动通信、区块链等信息技术在司法领域的实质化应用，推动全省法院数字化、智能化系统集成、提档升级，提升智慧法院服务保障能力，以更高水平的数字正义保障数字经济高质量发展，为经济社会发展趋势分析、矛盾纠纷化解、经济风险预警提供高质量、有价值的参考，助力我省优化法治化营商环境，推动数字经济和实体经济深度融合，服务党和国家工作大局。

2. 坚持协同高效。积极建设跨层级、跨地域、跨系统、跨部门、跨业务的全方位协同体系，打破“数据孤岛”，加强内外部平台的互联互通和资源共享。延伸数字司法效能，多方向多维度实现业务高效办理，整体提升智慧法院服务数字经济、数字政府水平，增强防范化解重大风险能力，切实让数字经济产业和市场参与主体充分享受智慧法院建设带来的司法便利。

3. 坚持安全可控。贯彻总体国家安全观，坚持底线思维，增强忧患意识，统筹法院创新发展和安全保障。融入网络安全协同治理体系，加强法院网络安全和数据安全体系建设，增强数字安全领域突发事件监测预警、分析研判和应急处置能力，坚决筑牢网络安全和数据安全防线。

（三）工作目标

着力打造以智能化应用工程、精准化数据工程、主动型网安工程、质效型运维工程、体系化基础工程等五项工程为主体的“江苏数字法院提升工程”，全面推进江苏法院数字化、智能化转型升级。到2025年，建成较为成熟的全域智慧法院系统，数据服务审判执行工作能力进一步提升，智慧法院服务数字经济发展能力进一步彰显。

二、重点任务

（一）着力强化审判执行数字化应用

1. 积极拓展智能数字技术司法应用场景。推进智能技术在涉数字经济司法业务场景的应用深度和广度，深化人工智能司法应用，加强数字化技术与审判流程业务的深度融合，推动法院数字化转型迭代升级。丰富金融商事等纠纷调审执破全链条要素式智能模型，构建劳动争议案件裁审衔接电子化办案平台。充分运用数字经济领域新型网络违法犯罪行为的证据智能分析技术，保护市场主体权益，增强法院审理涉及电信网络诈骗、侵犯公民个人信息、非法盗取数据、虚拟货币等新型网络犯罪刑事案件的效能。加强企业破产处置府院联动信息共享，构建更高水平的破产处置“一盘棋”格局。研究知识产权司法保护相关应用场景，促进新模式新业态依法规范发展。强化网络平台治理，加强反垄断和反不正当竞争，有效规制算法歧视，优化数字经济治理生态，激发数字经济发展活力，服务保障全国统一大市场建设。探索跨境数字贸易纠纷的智能化解平台建设，研究应用智能语音同步翻译系统，探索跨境证据远程质证，助力涉外商事、海事案件的高效化解，保障我省“一带一路”交汇点建设。积极推进环境资源审判平台建设，助力美丽江苏建设。

2. 加快推进链上数据的存验和融合。高效布局司法区块链基础设施，提升支撑“区块链 +”的应用赋能能力。不断完善司法区块链存证验证、智能合约等场景应用，推进区块链技术与审判执行工作深度融合，实现“数据可靠、信息公信、操作可信、流程优化”。积极探索跨链协同，推动基于区块链等技术应用的司法认定、流程监管和规则支撑，发挥区块链技术在助力审判执行工作、提升司法效能、增强司法公信力、提升智慧法院服务数字经济核心要素的能力。

3. 有效提升执行数字化应用水平。积极研究产业数字化和数字产业化过程中的保全和执行工作，深入推进智慧执行建设，拓展执行业务向移动端延伸，完善移动执行配套应用，覆盖执行流程信息管理、执行查控、信用修复等应用场景，推行以执行系统智能化及电子卷宗深度应用为基础的全流程无纸化执行办案新模式。运用大数据开展被执行人履行能力分析，利用 5G 智能物联推进 5G 融合执行指挥通讯智能化系统建设，利用“物联网 + 执行”促进开展善意文明执行。加强与发改、公安、金融、社会综合治理等部门的数据互联互通，强化执行虚拟货币、数字人民币等数字化资产的能力。探索利用数字人民币智能合约自动触发、自动执行、自动存证、精准监测和追踪资金流向等技术在执行领域的应用。

4. 全力推动数据和业务共享协同。全面推进上下级法院、跨辖区法院以及法院与其他政法单位、行政机关之间的数据共享和业务协同。积极参与政法大数据平台建设，推动与其他政法单位联合发布数字经济司法保护典型案例，推动政法单位数据和业务共享协同。加强司法大数据与行政管理大数据的互联互通，实现相关业务跨层级审批、跨单位联动和案件信息自动关联、诉讼参与人身份智能核查，形成大数据智能精准画像，协同防范重大风险。畅通多元主体诉求表达、权益保障渠道，探索形成政府、法院、行业组织、互联网平台企业、社会公众等多元主体参与、高效协同的在线纠纷解决机制。

（二）持续提升数字化服务水平

5. 全面深化一站式在线多元解纷和诉讼服务平台建设。推动全域诉讼服务平台建设，集成管理线上、线下各类诉讼服务事项，实现各类诉讼服务事项的收集、办理、跟踪、管理等功能。加快推进自建平台与最高人民法院统建平台的数据共享和业务协同，确保数据汇聚质量。整合各类诉讼服务平台和平台内部功能，减少多头申请和审查，提高平台运行稳定性，提升诉讼服务平台用户体验。加大诉讼服务数字化转型力度，实现诉讼引导、风险评估、类案检索、法律援助等智能服务，支持多元调解、调裁对接、繁简分流、速裁快审等在线业务办理，创新在线服务举措，增强 12368 一号通办、实质办事和集约化服务能力。运用语音识别、实时翻译等人工智能技术，为外籍调解员和我国港澳台地区调解员参与纠纷化解提供便利，为服务“一带一路”和“数字丝路”提供数字技术支撑。

6. 充分发挥数字司法参与基层治理的职能作用。利用数字技术，依托村委会、居委会、社区中心、律所、网信运营商网点等线下服务场所，在未设立派出法庭或者派出法庭场地资源有限的地区设立数字诉讼服务站。推动建立 e 诉中心、共享法庭，增设在线立案、在线调解、在线开庭等一站式集成化设备，构建“精网微格”智慧高效治理系统，实现司法在线服务人民群众“最后一公里”，保障“线上 + 线下”基层司法服务更加优质高效、普惠均等，有效助力乡村振兴。

7. 深度发掘在线诉讼效能。深化互联网司法建设，打破时空界限和数据壁垒，广泛运用人民法院在线诉讼、在线调解、在线运行“三大规则”，积极探索数字时代法院司法新模式，进一步完善和发展互联网诉讼规则，将在线司法效能有效覆盖司法活动全流程、全领域。通过安全跨网交换，建立覆盖线上线下、贯穿内网外网、跨越时间空间、异步庭审、异步质证等多场景的审判活动应用系统，支持当事人使用电脑客户端、手机 App、小程序（微法院）等泛终端化方式参与庭审，积极打造契合数字经济特点和发展趋势的数字化庭审，切实提升审判质效。

8. 着力提升数助决策能力。充分发挥司法大数据作为经济社会“晴雨表”“风向标”的价值属性，探索建立面向社会治理的司法指标体系，放大数助决策功效，促进完善数字经济治理体系，服务党委政府决策。利用信息化手段提前研判数字经济发展中遇到的普遍性、苗头性问题，促进矛盾纠纷源头预防和及时化解，营造数字经济发展的良好法治环境。加强对知识产权、互联网、文化数字产业等数字经济新业态案件类型的专业数据和知识服务支持，深入研究科技发展带来的新情况新问题，增强算法技术方面的规则供给，及时统一裁判尺度，营造良好的数字生态。

（三）全面夯实数字化建设基础

9. 加强智慧法院基础设施建设。紧跟数字经济的现代化技术要求，推动基础工程体系化、标准化，提升多类型数字基础设施融合能力、网络和数据安全保障能力。加强云平台总体筹划，强化与省政务办的沟通，提升专有云弹性计算、统一存储、智能网络等基础服务能力。逐步完成重要业务场所的数字化升级，探索推动重要平台业务向移动端、互联网端拓展，全面支撑跨网协同和移动应用。注重人民法庭数字化基础设施建设，提升法庭数字化服务能力。

10. 强化数据治理能力。贯彻落实总体国家安全观，严格遵守网络安全法、数据安全法和个人信息保护法等法律法规，加强数据治理工作，探索跨部门协同办案信息互联、数据共享和流程对接的方式和机制，建立司法数据分级分类标准，强化个人信息采集、使用、共享等环节的司法监督，提高数据质量。加强数据权益保护，强化司法数据出境管控，守牢数据安全防线。

11. 增强网络安全主动防护能力。树牢底线思维，设立网络安全和大数据管理中心，不断提升法院网络安全意识和主动发现问题的能力，下好先手棋，打好主动仗。加强网络安全底层能力建设，提升基于分析联动的主动防御能力，完善网络安全运营管理机制，有效管控网络安全边界，筑牢网络安全底线。

三、切实加强组织保障

1. 强化数字化统筹规划。省法院成立领导小组，由院长任组长，相关院领导任副组长，相关部门主要负责人为成员。领导小组负责重点任务的统筹推进和督促评估，推动全省智慧法院保障数字经济发展的各项工作部署落到实处。充分结合各地数字经济发展实践，鼓励基层创新，探索设立数字经济司法保护实践基地，因地制宜转化推广智慧法院建设创新应用成果。加大对智慧法院建设的经费保障力度，加强考核评估，切实提升智慧法院助力数字经济发展的能力。

2. 加大数字化人才培养力度。树立数字化思维，加强与高等院校、科研机构等单位的密切合作，创新法院数字化人才培养机制。加强信息技术人才配备，努力建设一支懂审判、懂数据、懂信息化、懂管理、懂调研的复合型、国际型人才队伍。加强数字经济司法保护的理论与实践研究，打造调研精品，注重调研成果转化。全面从严落实智慧法院建设领域廉政风险防控制度，筑牢不想腐、不敢腐、不能腐的防线。

3. 汇聚数字化保障合力。紧紧依靠党委领导和政府支持，加强与发改、工信、网信、政务办、公安、检察等部门的沟通联系，筑牢服务保障数字经济发展根基。加强与上海、浙江、安徽等长三角法院的沟通联系，实现智慧法院建设信息互通、资源共享，助力长三角区域一体化发展。

江苏省高级人民法院印发《关于支持宿迁法院工作高质量发展服务保障宿迁“四化”同步集成改革若干措施》的通知

（苏高法〔2022〕261 号　2022 年 12 月 7 日）

各市中级人民法院、南京海事法院，徐州铁路运输法院、各基层人民法院，本院各部门：

《关于支持宿迁法院工作高质量发展服务保障宿迁“四化”同步集成改革若干措施》已经省法院党组研究通过，现予印发，请结合实际抓好贯彻落实。希望宿迁法院以贯彻落实文件精神为契机，着力补短板、强弱项、固底板、扬优势，进一步加强审判业务、人才队伍和基层基础建设，持续推进法院工作高质量发展，为宿迁“四化”同步集成改革提供更加优质高效的司法服务保障。

关于支持宿迁法院工作高质量发展服务保障宿迁“四化”同步集成改革若干措施

为认真贯彻省委、省政府《关于支持宿迁“四化”同步集成改革推进现代化建设的意见》，指导宿迁法院勇于改革创新，持续深化高质量司法实践，切实提升履职效能，为宿迁建设“四化”同步集成改革示范区提供有力司法保障，现提出如下措施：

一、加大业务建设支持力度

1. 指导完善审判执行工作机制。根据审判执行工作发展需要，指导宿迁法院加强专业化审判机构建设，完善对“四化”同步集成改革示范区建设相关案件办理机制，提升涉及产业体系重构、新型城镇化建设、农业现代化建设、数字经济等案件司法效能。支持宿迁法院创新未成年人审判机制，指导探索完善“一站式”询问中心配套制度，试点涉未成年人刑事案件集中管辖，打造未成年人审判宿迁品牌。

2. 进一步加强审判执行业务指导。省法院各审判执行业务部门在宿迁法院设立工作联系点，常态化安排部门领导或业务骨干到宿迁法院调研指导工作，有针对性地开展业务指导；适时会同宿迁法院相关部门召开联席会议，专项分析条线审判执行运行态势，提出对策建议。每年向宿迁法院交办一定数量的大要案，加强重点环节业务指导，帮助解决办案过程中遇到的困难和问题。加强对宿迁法院企业破产处置、知识产权、金融证券、房地产及建设工程等案件的业务指导，提升在优化法治化营商环境等方面的司法效能。帮助宿迁法院完善相关案件归口办理制度，加强涉外商事审判、劳动人事争议审判、仲裁司法审查等领域的业务交流和指导。密切关注宿迁法院行政诉讼案件集中管辖、非诉行政案件“裁执分离”等改革推进情况，指导帮助提高房屋征收补偿、违建整治、行政协议、工伤保险等案件办理能力。

3. 进一步加强服务基层社会治理工作指导。加大多元解纷工作指导力度，认真总结推广典型经验，进一步完善宿迁法院“四调”并进、精准交融的诉前解纷体系。指导宿迁法院完善“审务进基层”“法官进网格”等工作机制，提升参与基层社会治理实效。指导宿迁法院深入开展涉诉信访突出问题攻坚化解，入驻矛调中心或综治中心，加强矛盾纠纷源头治理，推动打造更多“枫桥式人民法庭”。在宿迁辖区服务乡村振兴、服务基层社会治理作用发挥好的人民法庭挂牌“省法院服务乡村振兴实践基地”，并选择2到3个法庭作为联系点予以重点指导。

4. 进一步强化司法改革工作指导。对最高人民法院和省法院拟推行的重大改革项目，根据工作实际在宿迁先行先试，为全省法院深化改革积累经验。支持宿迁法院创新推进以审判为中心的刑事诉讼制度改革，指导研究制定类案证据审查指引，探索创新“一站式”速裁案件审理机制，规范和完善认罪认罚从宽制度适用。确定宿迁法院为刑事规范化量刑辅助系统升级修改试点法院，开展量刑规范化系统试运行工作。加大对宿迁法院“经营异常企业公益清算退出机制”自主改革事项的支持指导力度，聚力打造全国有影响力改革创新品牌。支持和指导宿迁法院开展“与个人破产制度功能相当试点”工作，积极探索可复制的案件办理流程，宣传推广办案经验。支持和指导宿迁法院推进执行管理体制改革试点工作，积极推进构建“智慧执行 + 网格化”协助执行机制。支持宿迁法院申请作为审判管理科学化机制建设改革试点法院，适时总结推广试点经验，探索构建更加科学合理、符合审判规律的审判管理体系。

5. 进一步加大司法调研工作支持力度。聚焦宿迁“四化”同步集成改革示范区建设司法需求，适时确定专项调研课题，会同宿迁法院开展联合调研，及时出台相关司法措施。在宿迁法院常态化开展调研、信息、案例等专题培训，帮助提升调研能力。积极支持宿迁法院申报和承担全国、全省法院重点调研课题，参与学术讨论会等重要学术征文活动，帮助完善相关工作制度，指导提升课题报告和学术论文撰写能力水平。加大精品案件指导培育力度，协同宿迁法院开展专题案例征集，有针对性开展参阅案例、优秀案例分析专题交流，促进提升案例工作能力水平。

二、加大人才建设支持力度

6. 进一步优化人员结构。综合考虑地区经济社会发展状况、常住和流动人口数量、人案比等因素，更加科学合理地核定、分配和使用中央政法专项编制、法官员额数，在中央政法专项编制和法官员额调配上向宿迁地区人案矛盾突出的法院适当倾斜，支持宿迁法院探索法官员额和政法编制动态调整机制。进一步完善名校优生选调工作机制，针对宿迁中院岗位报名人数、入围人选少的情况，积极组织赴高校开展专场宣讲活动，力争招录名额应招尽招。

7. 进一步加强干部人才双向挂职交流。省法院每年选派若干中层干部、业务骨干到宿迁法院挂职锻炼。省法院根据业务工作需要，接收宿迁法院干警特别是表现优秀、有培养潜力的年轻干部挂职锻炼、跟班学习。加强南北共建，支持宿迁法院与南京法院按照合作共建框架协议在人才队伍建设、党建共建平台、审判融合发展、特色工作交流、业务学习分享、调研宣传合作等方面开展全方位战略合作。支持宿迁法院与苏州法院建立健全挂钩合作机制，通过互派人员交流锻炼等方式，提升司法能力水平。支持宿迁法院与高校互派人员挂职交流，培养专家型、学者型审判人才。

8. 进一步加强教育培训和典型选树工

作。加大对宿迁法院教育培训工作支持力度，最高人民法院和省法院举办的各类审判执行业务培训班，适当增加宿迁法院名额。针对宿迁法院特定培训需求，适时举办定向专题培训班。加大对宿迁法院自主培训工作的指导和支持力度，加强兼职教师培训。充分发挥全国和省级审判业务专家的业务指导作用，通过授课、帮带等方式为宿迁法院提升业务水平提供支持。加强对宿迁法院开展“为群众办实事示范法院”等创建活动的指导。加大对宿迁法院优秀干警的选树力度，有计划、有重点地培育选树先进典型。

三、加大基础建设支持力度

9. 进一步加大智慧法院建设支持力度。在全省法院信息化建设“十四五”规划框架下，根据需要向宿迁法院开放相关数据端口，提供数据查询，充分发挥大数据分析在宿迁法院发展中的作用。支持宿迁法院根据一线需求研发相关应用软件，在项目试点、系统开发等方面给予技术支持。新采购的信息系统视情交予宿迁法院先用先试。推动宿迁两级法院参与最高人民法院全链条要素式审判技术攻关和创新应用试点工作，完善智慧速审系统多案由的要素式审判工作。

10. 进一步加强经费保障。加强与财政、发改等部门的沟通协调，进一步加大宿迁地区基层法院政法转移支付等资金补助力度，切实增加宿迁法院信息化建设、教育培训、人民法庭基础建设等方面的投入。积极协调有关部门加大对宿迁法院执行救助基金、信访救助基金、刑事被害人救助基金的支持力度。

江苏省高级人民法院　江苏省司法厅印发《关于建立诉讼与仲裁工作协调配合机制的意见》的通知

（苏高法〔2022〕262 号　2022 年 12 月 9 日）

各市中级人民法院、南京海事法院，徐州铁路运输法院、各基层人民法院，各设区市司法局，各仲裁委员会：

为深入贯彻落实中共中央办公厅、国务院办公厅《关于完善仲裁制度提高仲裁公信力的若干意见》和江苏省委办公厅、省政府办公厅《关于完善仲裁制度提高仲裁公信力的实施意见》，促进诉讼与仲裁的协调配合，省法院与省司法厅联合制定了《关于建立诉讼与仲裁工作协调配合机制的意见》，现印发给你们，请结合实际，认真贯彻落实。

关于建立诉讼与仲裁工作协调配合机制的意见

为深入贯彻落实中共中央办公厅、国务院办公厅《关于完善仲裁制度提高仲裁公信力的若干意见》和江苏省委办公厅、省政府办公厅《关于完善仲裁制度提高仲裁公信力的实施意见》,促进诉讼与仲裁的协调配合,现结合我省实际,就建立诉讼与仲裁工作协调配合机制提出如下意见。

一、指导思想

坚持以习近平新时代中国特色社会主义思想为指导,深入贯彻落实习近平法治思想,坚持支持和监督仲裁并重的理念,推动建立诉讼与仲裁相互配合、相互协调的纠纷解决机制,为优化法治化营商环境、推动经济社会高质量发展提供优质高效的法治服务和保障。

二、主要任务

1. 建立联席会议和联络人制度。省法院、省司法厅和省仲裁行业协会建立诉讼与仲裁工作联席会议制度,负责全省诉讼与仲裁工作的沟通与协调,研究处理协调工作中遇到的问题。联席会议办公室设在省仲裁行业协会秘书处,原则上每年组织召开一次会议,由省法院和省司法厅轮流牵头主办,相关设区市中级人民法院和仲裁机构参加,交流工作推进、案件受理、防范虚假诉讼和虚假仲裁等情况,互通信息。全省各市中级人民法院和各仲裁委员会应将相关诉讼与仲裁协调工作归口至专门部门管理,指定专人负责联络,提升沟通协调质效。

2. 加强案件管辖协调。在案件受理和办理过程中,对应由人民法院或仲裁委员会管辖的意见不统一的,人民法院和仲裁委员会应及时沟通,并畅通多元化纠纷解决渠道。

3. 加强重大关联案件联动化解。对涉及群体性纠纷或者社会影响较大,相关案件分别在仲裁委员会和人民法院审理的,人民法院和仲裁委员会应及时通报预警、沟通协调、依法处理、联合化解,推动矛盾纠纷妥善处理。

4. 推进信息共享。结合工作实际,鼓励人民法院和仲裁委员会通过信息化手段,加强关联案件查询、防范虚假诉讼和虚假仲裁等方面信息共用共享。人民法院在办理仲裁司法审查案件过程中需要调取仲裁案件卷宗档案的,仲裁委员会应予以提供。人民法院办理仲裁保全、执行,申请撤销或不予执行仲裁裁决案件的,应将办理情况通报相关仲裁委员会。

5. 健全完善诉前委托调解和诉讼调解机制。仲裁委员会可以派员常驻、以定期巡回收案或线上调解等方式参与纠纷化解。人民法院支持仲裁委员会在诉讼服务中心设立仲裁调解窗口、联络点、办案点等。人民法院在收到起诉状之后、正式立案之前，可通过人民法院调解平台·江苏微解纷委托仲裁委员会进行调解，或引导当事人通过仲裁方式解决纠纷。

6. 建立调解、仲裁、诉讼有机衔接的多元化纠纷解决机制。仲裁委员会接受人民法院委托调解的，应积极引导当事人达成调解协议；也可根据案件情况和当事人意愿，引导当事人选择仲裁方式化解纠纷。

7. 加强仲裁司法审查工作协调配合。人民法院及时高效办理仲裁司法审查案件，以及仲裁执行和保全等事项。经审查认为仲裁协议不成立或无效，仲裁裁决存在应撤销或不予执行情形的，应当听取相关仲裁委员会意见。在审查中需要仲裁委员会提供相关材料或作出说明的，仲裁委员会一般应在五个工作日内提供。

8. 优化仲裁保全和执行协助机制。人民法院应当将申请仲裁证据保全、财产保全案件的管辖法院、立案标准、材料形式等要求通报相关仲裁委员会。人民法院要持续优化仲裁执行流程、提升执行效率，对于仲裁裁决执行中遇到的问题，及时与仲裁委员会沟通。

9. 联合开展业务交流和实务研讨。建立人民法院、司法行政机关、仲裁行业协会与仲裁委员会的交流研讨机制，有针对性开展审判与仲裁业务交流和学习调研等活动，实现工作良性互动和资源共享。

三、工作要求

1. 加强组织领导。全省各市中级人民法院、司法行政机关和仲裁委员会要高度重视诉讼与仲裁协调工作，积极争取党委政府支持和有关部门配合，进一步细化完善沟通协调措施。省法院和省司法厅将加强对诉讼与仲裁协调配合工作的指导，推动各项措施依法有序推进。

2. 注重工作保障。各市中级人民法院应加大对诉讼与仲裁协调配合工作的支持力度，依托诉讼服务中心提供必要的工作场所等各项保障。各仲裁委员会应加强对设在人民法院的调解窗口、联络点、办案点等支持，优化仲裁调解人员力量，切实提升服务成效。

3. 强化宣传引导。人民法院、司法行政机关、仲裁行业协会与仲裁委员会应积极推广仲裁制度，宣传诉讼和仲裁协调工作成效，提高仲裁首选率和影响力，最大程度发挥多元化纠纷解决机制协调联动作用，持续为各类市场主体营造法治化营商环境。

江苏省高级人民法院　江苏省司法厅关于印发《诉前调解案件诉讼辅助事项办理工作指南（试行）》的通知

（苏高法〔2022〕225号　2022年10月28日）

各设区市中级人民法院、司法局，南京海事法院、徐州铁路运输法院、各基层人民法院，各县（市、区）司法局：

为进一步深化诉讼与非诉讼对接机制建设，提升诉前调解工作效能，提高矛盾纠纷化解质效，省法院、省司法厅共同研究制定了《诉前调解案件诉讼辅助事项办理工作指南（试行）》。现予以印发，请认真遵照执行。执行中遇到问题，请及时向省法院、省司法厅报告。

诉前调解案件诉讼辅助事项办理工作指南（试行）

为进一步深化诉讼与非诉讼对接机制建设，提升诉前调解工作效能，根据最高人民法院《关于进一步完善委派调解机制的指导意见》《关于建设一站式多元解纷机制一站式诉讼服务中心的意见》《关于人民法院进一步深化多元化纠纷解决机制改革的意见》和《江苏省高级人民法院　江苏省司法厅关于开展调解程序前置试点的工作规则》等规定，结合工作实际，经省法院、省司法厅共同研究，制定本指南。

一、对于来院起诉的当事人，除依法不宜调解的，诉讼服务中心分流员应当通过诉讼风险智能评估系统等方式，让当事人了解诉讼风险，同时向其释明诉前调解等非诉解纷方式的程序特点、优势、诉调对接关系等，引导其自愿选择诉前调解等非诉方式化解纠纷。

二、对于诉前调解案件，调解员应当在人民法院指导下全面审核当事人提交的证据材料，在充分听取当事人陈述、客观分析案件事实、厘清争议焦点后积极开展调解工作；必要时，可以邀请具有专门知识、特定经验的人员参与调解，听取意见建议。

三、诉前调解过程中，调解员应根据调解工作进展情况对调解成功可能性作出判断，以决定是否继续开展调解。调解员应在人民法院指导下规范做好无争议事实记载、争议焦点固定、诉前司法鉴定、调解不成原因提示、送达地址确认等诉讼辅助工作，相关情况以书面形式记载并归入调解卷宗，为后续速裁快审等案件审理工作提供辅助参考。

对符合合意适用小额诉讼程序的案件，可积极释明相关法律规定，引导当事人自愿约定适用小额诉讼程序。

对属于类型化纠纷要素式审理的案件，可积极引导当事人举证、质证，全面、准确填写要素表。

四、当事人未达成调解协议的，调解员在征得各方当事人同意后，应当用书面形式记载调解过程中双方没有争议的事实，并由当事人签字确认。在后续的诉讼程序中，经当事人确认，无需对调解过程中已确认的无争议事实举证，但涉及国家利益、社会公共利益和他人合法权益的除外。

五、当事人未达成调解协议的，调解员应当根据案件事实和各方当事人陈述辩解，归纳争议焦点并用书面形式记载，经当事人签字确认后归入调解卷宗。

六、当事人未达成调解协议的，调解员应当将调解不成的原因、案件存在的风险隐患和重大敏感因素、下一步工作建议等情况，以书面反馈表等方式告知人民法院，为后续案件审理执行工作提供参考。

七、当事人达成调解协议的，调解员应当鼓励和引导、督促当事人及时履行协议，尽可能实现案结事了。

八、诉前调解案件确需委托鉴定才能查清事实的，调解员可在人民法院指导下组织当事人开展诉前司法鉴定工作。在鉴定结论经当事人认可后，积极促进当事人形成合理诉讼预期，尽可能在诉前实质性化解纠纷。

九、调解员应协助人民法院做好当事人送达地址确认、填写工作，并告知当事人签字确认的送达地址效力在诉讼阶段均有效力，如提供的地址不准确或不及时告知变更地址导致诉讼文书无法送达或未及时送达的，当事人自行承担由此产生的法律后果。

送达地址应当包括邮政编码、详细地址以及受送达人的联系电话等。当事人同意电子送达的，应当填写接收诉讼文书的传真号、电子信箱、微信号等电子送达地址。

十、在诉前调解过程中，调解员发现当事人可能存在虚假诉讼、虚假调解情形的，应当中止调解，并向人民法院报告。人民法院接到报告后，应当及时审查，并依据相关规定作出处理。

十一、案件调解完毕，调解员应当填写《诉前调解案件情况反馈表》（参考样式附后），连同调解卷宗一并移送人民法院诉讼服务中心。诉讼服务中心负责扫描、归档、流转立案。

《诉前调解案件情况反馈表》记载当事人交换证据情况、无争议事实、争议焦点、诉前司法鉴定情况、调解不成原因、可能存在的风险隐患、工作建议、送达地址确认等情况。

十二、各级法院、司法行政部门应当建立调解员诉前调解工作考核激励机制，根据调解员参与和完成的辅助工作情况，给予适当补贴和表扬奖励。

十三、本指南与法律法规及上位文件规定不一致时，以法律法规及上位文件为准。

十四、本指南自印发之日起执行。

附件

诉前调解案件情况反馈表（参考样式）

（　　）××诉前调（　　）号

<table>
<tr><td colspan="2">当事人信息</td><td colspan="2">调解配合度</td><td>送达地址</td></tr>
<tr><td rowspan="2">原　告</td><td></td><td colspan="2">□愿意；□不抵触；□拒绝</td><td></td></tr>
<tr><td></td><td colspan="2">□愿意；□不抵触；□拒绝</td><td></td></tr>
<tr><td rowspan="2">被　告</td><td></td><td colspan="2">□愿意；□不抵触；□拒绝</td><td></td></tr>
<tr><td></td><td colspan="2">□愿意；□不抵触；□拒绝</td><td></td></tr>
<tr><td rowspan="2">第三人</td><td></td><td colspan="2">□愿意；□不抵触；□拒绝</td><td></td></tr>
<tr><td></td><td colspan="2">□愿意；□不抵触；□拒绝</td><td></td></tr>
<tr><td>案　由</td><td></td><td colspan="2">调解时间</td><td>年　月　日至　年　月　日</td></tr>
<tr><td>结案方式</td><td>调解成功</td><td>□即时清结
□撤回起诉
□申请司法确认
出具民事调解书</td><td>调解不成功</td><td>□转立案
□当事人不起诉
□其他</td></tr>
<tr><td>无争议事实</td><td colspan="4"></td></tr>
<tr><td>诉前鉴定情况</td><td colspan="4"></td></tr>
<tr><td>争议焦点</td><td colspan="4"></td></tr>
<tr><td>调解不成原因</td><td colspan="4"></td></tr>
<tr><td>存在的风险隐患</td><td colspan="4"></td></tr>
<tr><td>工作建议</td><td colspan="4"></td></tr>
<tr><td>签　章</td><td colspan="4">调解员（调解组织）：
年　　月　　日</td></tr>
<tr><td>备　注</td><td colspan="4"></td></tr>
</table>

江苏法院2021年度行政审判十大典型案例

本次发布的年度十大案例是从2021年全省法院审结的近4万件各类行政案件中筛选出来的，具有较强的代表性和典型意义。从裁判结果上看，既有支持行政相对人诉讼请求的案例，也有支持行政机关依法行政的案例，还有实质性化解行政争议的案例。从行政执法领域或行政行为类型上看，不仅有征收补偿、违建查处、行政处罚等传统行政案件，也有老旧小区加装电梯项目审批、不履行行政协议等新类型行政争议。

案例一：张某诉某区行政执法局责令限期拆除案

【裁判要旨】

无证房屋并非均是应当拆除的违法建筑；被拆迁人对拆迁安置房享有信赖利益，执法机关以拆迁安置房未办理建设工程规划许可证，属于无法采取改正措施消除影响的违法建筑为由，作出限期拆除决定，侵犯了被拆迁人依法取得的合法权益。

【基本案情】

2002年，张某与拆迁人签订补偿安置协议取得126.38平方米安置房，因拆迁人原因，张某未能办理房屋权属证书。由于房屋质量存在问题，张某在取得拆迁人同意后，在安置房北侧扩建，将126.38平方米的拆迁安置房扩建到195平方米，同时在楼顶等处搭建彩钢瓦棚，扩建后房屋实际面积为445平方米。某区执法局向区规划部门发函，函询445平方米房屋是否取得建设工程规划许可证，区规划部门《复函》称其未核发建设工程规划许可证，属于无法采取改正措施消除影响的情形。某区执法局调查认定后，依据《城乡规划法》第六十四条作出被诉《限期拆除决定书》，责令张某拆除445平方米的房屋（实际拆除时，未拆除拆迁安置房部分）。张某提起诉讼，请求撤销《限期拆除决定书》。

【裁判结果】

一审法院判决驳回张某的诉讼请求。张某不服提起上诉，二审法院认为，某区执法局经向区规划部门函询确认，涉案建筑未办理相关规划许可手续，属于无法采取改正措施消除影响的情形，认定涉案建筑违反了《城乡规划法》第四十条第一款的规定，系应当拆除的违法建筑。拆迁安置与违建治理是两个不同的法律关系，张某如认为其拆迁补偿利益受到侵犯，应当另外寻求救济。二审法院判决驳回上诉，维持原判。江苏高院再审认为，张某与拆迁人签订补偿安置协议并取得拆迁安置房，系基于对房屋拆迁管理部门的信赖，其有理由相信属于没有瑕疵的合法房屋，并能够办理房屋权属证书。张某未能办理房屋权属证书，根源在于拆迁人在建造前未取得建设工程规划许可证，不利后果不应由张某承担。区规划部门的《复函》实质上是规划部门协助某区执法局进行事实认定的专业性意见，仅是作出《限期拆除决定书》的证据之一，能否被采信有待人民法院依法审查后作出最终认定。某区执法局在《商请函》中并未告知区规划部门，涉案建筑中有部分是拆迁安置房，影响了规划部门的判断。拆迁安置房之外的建筑属于无法采取改正措施消除影响的违法建筑，某区执法局责令张某拆除正确。被诉《限期拆除决定书》将拆迁安置房认定为应当拆除的违法建筑，属认定事实错误，适用法律错误，《限期拆除决定书》中该部分内容依法应当撤销。江苏高院作出再审判决，撤销一审和二审判决，撤销《限期拆除决定书》中关于限期拆除拆迁安置房的部分内容。

【典型意义】

无证房屋是否系应当拆除的违法建筑不能“一刀切”。评判无证房屋是否属于无法采取改正措施消除影响的违法建筑，应当综合考量房屋来源、建造年代等因素。江苏高院再审认为，机械地将依法取得的拆迁安置房认定为应当拆除的违法建筑，不仅侵犯了权利人的信赖利益和合法权益，而且违背了治理违法建筑的初衷。司法的目标是解决纠纷，将拆迁安置与违建治理认定为不同的法律关系，要求权利人通过其他途径解决拆迁补偿安置问题，易于激化矛盾，引发新的冲突。本案裁判既监督依法行政，纠正了错误的违法建筑认定行为，也实质性化解了行政争议，切实保障了权利人的合法权益。

案例二：孟某诉某区住建局、某区征收服务中心确认补偿安置协议无效案

【裁判要旨】

房屋征收部门明知房屋系非家庭成员共同共有，仅与部分共有人签订补偿安置协议，构成重大且明显违法，该补偿安置协议无效。

【基本案情】

孟某与第三人赵某于2001年3月结婚。2003年4月取得了涉案房屋所有权证，登记的产权人为孟某和赵某，系共同共有。2016年3月2日，法院判决准予两人离婚，因赵某主张涉案房屋涉及他人权益，离婚诉讼中未对涉案房屋进行分割。2018年6月7日，区政府作出房屋征收决定，涉案房屋在征收范围内。在征收补偿过程中，孟某向征收部门某区住建局发送律师函，明确告知该房屋属于共同共有，其系产权人之一，离婚时未分割，请求妥善处理补偿问题。某区住建局向赵某核实，赵某称双方有婚前财产协议，该房屋属于其婚前个人财产。2018 年 12 月 5 日，某区住建局、某区征收服务中心（房屋征收实施单位）与赵某签订补偿安置协议。后该房屋由赵某交付拆除。孟某不服提起诉讼，请求判决确认补偿安置协议无效，并判决赔偿其损失。

【裁判结果】

一审法院认为，根据《国有土地上房屋征收与补偿条例》第二条的规定，被征收人是房屋所有权人。政府征收房屋时，应当对房屋所有权人给予公平补偿。涉案房屋登记在孟某和赵某名下，某区住建局在明知夫妻离婚但对房屋未分割的情况下，采信赵某提供的婚前财产协议，仅与赵某签订补偿安置协议，严重侵犯孟某的合法利益，属于重大且明显违法的情形，故涉案补偿安置协议应属无效。由于房屋所有权证记载的产权人是孟某和赵某，而赵某主张涉案房屋系其婚前财产，本案不具备判决赔偿的条件，一审法院判决确认涉案补偿安置协议无效，并责令某区住建局对孟某的补偿安置作出处理。赵某不服提起上诉，二审法院判决驳回上诉，维持原判。

【典型意义】

房屋征收补偿涉及广大被征收人的切身利益。行政机关在征收补偿时，应当查明房屋所有权人并给予公平补偿，切实保障被征收人合法权益。非家庭成员的共同共有，共有人的利益具有独立性，因此在补偿安置时与家庭成员的共同共有存在明显区别。实践中，行政机关明知房屋系非家庭成员共同共有，但为了追求征收效率，仅与部分权利人签订补偿安置协议并将房屋拆除，侵犯其他所有权人合法权益的现象时有发生。本案裁判对于厘清补偿安置对象、规范补偿安置行为、完善征收补偿程序，以及保障被征收人合法权益、减少补偿安置纠纷、维护社会和谐稳定，均具有指导价值。

案例三：某醋业公司诉某市监局行政处罚案

【裁判要旨】

对于免予标注保质期的部分特殊食品，食品生产企业也应当准确标注生产日期，不得标注虚假生产日期。标注虚假生产日期的违法行为，损害了消费者的知情权，不利于对食品的溯源与监管，依法应当承担相应的法律责任。

【基本案情】

某醋业公司系“镇江香醋”“镇江陈醋”集体商标的授权准许使用单位。2019 年 11 月 8 日，某市监局现场检查中发现该公司仓库中存放标注生产日期为 20200102、20191201 的“镇江香醋”“镇江陈醋”，涉嫌标注虚假生产日期，合计货值金额为 195360 元。某市监局遂以该公司涉嫌违反食品安全法有关规定进行立案调查，后经处罚前告知、听证、报请审核等程序，决定没收涉案违法生产的食醋，责令该公司立即改正违法行为，并处罚款 1953600 元。某醋业公司不服提起诉讼，请求撤销该处罚决定。

【裁判结果】

一审法院认为，根据《食品安全法》等法律规定，食醋虽然可免标保质期，但并不等同于可以不标生产日期或标注虚假生产日期。生产日期作为产品的质量属性，尤其在食品领域，生产日期是食品消费者选择产品的重要参考，甚至很多产品的“年份”被赋予特定价值。标注虚假生产日期既不利于对食品的溯源与监管，也损害了消费者的知情权。因此，生产日期是食品安全监管的重点监管环节之一。2016 年，为保护“镇江香醋”的品牌和工艺特色，促进镇江香醋产业持续健康发展，镇江市人大常委会制定了《镇江香醋保护条例》并经省人大常委会审议批准，该条例第九条第四项明确规定，从事镇江香醋生产经营活动，禁止标注虚假生产日期。某醋业公司作为“镇江香醋”“镇江陈醋”集体商标的准许使用单位，应严格遵守《食品安全法》《镇江香醋保护条例》等有关法律法规的规定从事生产经营活动，正确标注生产日期，保证所生产的产品符合上述法律法规关于生产日期标注的规定，以实际行动维护“镇江香醋”“镇江陈醋”的品牌信誉。但根据某市监局提供的证据，某醋业公司连续多日故意在 8000 余箱食醋商品上标注虚假生产日期的违法行为事实清楚，且该违法行为已经完成。根据《食品安全法》第一百二十四条第一款第五项的规定，生产经营标注虚假生产日期的食品，货值金额一万元以上的，应处货值金额十倍以上二十倍以下罚款。某醋业公司虽不存在减轻或不予处罚情节，但考虑食醋豁免标示保质期，且该公司标注虚假生产日期（提前 1 – 2 个月）情节较轻，对食醋食品安全和年份品质的影响相对较小，某市监局在法定处罚幅度内对其从轻处罚，符合《食品安全法》等规定。一审法院判决驳回某醋业公司的诉讼请求。某醋业公司不服提起上诉，二审法院判决驳回上诉，维持原判。

【典型意义】

食品安全关系人民群众生命健康，对食品安全应当采取最严谨的标准、最严格的监管、最严厉的处罚、最严肃的问责，进行安全监管和责任追究。“镇江香醋”“镇江陈醋”是镇江市享誉中外的集体商标，镇江市也被授予“中国醋都”称号。食品生产企业标注虚假生产日期，违反《食品安全法》《镇江香醋保护条例》的规定，导致食品溯源、责任追究等食品安全控制机制落空，不仅损害“镇江香醋”“镇江陈醋”的集体商誉，也会造成食品安全隐患，损害消费者合法权益。本案裁判，一方面支持行政机关对在“镇江香醋”“镇江陈醋”产品上标注虚假生产日期的违法行为依法作出处罚，捍卫“镇江香醋”金字招牌；另一方面对于推动食品生产经营企业依法建立健全食品安全管理、食品安全自查、食品出厂检验记录等规章制度以及切实保障人民群众“舌尖上”的安全，具有重要的法治教育意义。

案例四：黄某某诉某市监局行政处罚案

【裁判要旨】

行政机关未考虑违法行为的情节和社会危害程度作出处罚决定，明显违反过罚相当以及处罚与教育相结合的原则，依法应予撤销。

【基本案情】

2019年3月5日至9日，个体工商户黄某某租用某敬老院场地推销玉石床垫等产品。某市监局经现场检查，发现黄某某正在向村民播放玉石床垫的宣传视频中存在涉嫌虚假宣传的内容，予以立案查处。在执法程序中，黄某某提供了播放设备以及储存视频资料U盘的购买凭证、购买赠品鸡蛋的费用证明、人工工资支出证明等广告宣传费用的证据材料。该局最终认定黄某某利用视频虚假宣传，因无法准确计算具体的广告费用，根据《广告法》第五十五条的规定，决定罚款30万元。黄某某提起行政诉讼，请求撤销行政处罚决定。

【裁判结果】

一审法院判决驳回黄某某的诉讼请求。黄某某不服提起上诉，二审法院认为，根据《广告法》第五十五条第一款的规定，违反本法规定发布虚假广告的，由市场监督管理部门责令停止发布广告，责令广告主在相应范围内消除影响，处广告费用三倍以上五倍以下的罚款，广告费用无法计算或者明显偏低的，处二十万元以上一百万元以下的罚款。市场监管部门应当对违法行为人支出的广告费用调查核实，并以广告费用为基数确定罚款数额。黄某某已经提供了包括播放设备及储存视频资料U盘的购买凭证、购买赠品鸡蛋的费用证明、人工工资支出证明等证据材料，该局径行适用《广告法》第五十五条规定的“广告费用无法计算”罚则，处以30万元罚款，明显违反过罚相当原则和处罚与教育相结合原则。被诉处罚决定认定事实不清，适用法律错误。二审法院判决撤销一审判决和被诉处罚决定，责令某市监局重新作出处罚。

【典型意义】

执法机关机械适用单行法的具体罚则，不适用《行政处罚法》规定的从轻处罚、减轻处罚一般规则，容易引发较大争议。此类行政处罚的共同特点是过罚失当，执法机关作出处罚时未考虑违法行为的情节和社会危害程度，明显违反过罚相当以及处罚与教育相结合的原则。准确适用过罚相当原则，有利于促进公正执法、精准执法，满足人民群众对公平正义的合理期待；而过罚失当的行政处罚不仅无法获得行政相对人的认可与配合，也会对社会公众的朴素价值观带来伤害。本案二审判决指引行政机关在实施具体行政处罚时，应当综合考虑违法行为人的主观过错、违法行为的情节以及社会危害程度等，将《行政处罚法》规定的从轻处罚、减轻处罚一般规则与单行法的具体罚则相结合，全面准确适用法律，确保行政处罚的实施既有力度、也有温度，实现良法善治。

案例五：宗某某诉某公安派出所不履行法定职责案

【裁判要旨】

在房屋征收搬迁过程中，行政机关组织实施拆除房屋行为，房屋所有权人报警请求公安机关履行保护财产权的法定职责，公安机关接警后及时处警调查，发现拆除房屋行为系行政机关组织实施，并将调查结果告知报警人，应视为已履行法定职责。当事人认为公安机关未履行法定职责提起行政诉讼的，人民法院不予支持。

【基本案情】

宗某某向某公安派出所报警，称其厂房屋顶和机器设备被损毁，请求保护其财产权。某派出所接警后，立即向宗某某了解情况、对拆除房屋的刘某等人进行调查，同时还调取了宗某某户的拆迁补偿协议等材料。某派出所查明，宗某某所称的损毁财物行为系行政机关组织实施的拆除行为，遂作出《告知书》，告知宗某某举报的事项不属于公安机关管辖范围，如对房屋拆除等行为不服，可依法寻求救济。宗某某以公安机关未履行法定职责为由提起诉讼，请求确认《告知书》违法。

【裁判结果】

一审法院认为，依据原国务院法制办公室《对〈关于对国家行政机关工作人员执行职务过程中的违法行为能否给予治安处罚的请示〉的复函》，行政机关工作人员执行职务时的侵权行为，不属于违反治安管理的行为。本案中，某派出所收到宗某某的报案后，当天即进行调查并调取了相关材料。经查，案涉房屋拆除行为系行政机关组织实施，不属于《治安管理处罚法》调整的范畴。某派出所作出《告知书》，将相关情况告知宗某某，并不违反法律规定。一审法院判决驳回宗某某的诉讼请求。宗某某不服提起上诉，二审法院判决驳回上诉，维持原判。

【典型意义】

在房屋征收搬迁、违法建筑拆除过程中，房屋所有权人认为其房屋被违法拆除而报警，请求公安机关保护财产权，此类纠纷近年来有上升趋势。根据《治安管理处罚法》和《人民警察法》的相关规定，公安机关具有保护公民、法人、其他组织财产权的法定职责。职权法定是所有行政机关应当遵循的基本原则。行政机关组织实施的房屋拆除行为，不属于《治安管理处罚法》调整的范畴，公安机关不宜对其合法性直接作出评判。公安机关依据《110 接处警工作规则》等规定，接到报警后及时处警，并将其他行政机关履行职务的情况告知当事人的，应当认定为已经履行了法定职责。当事人认为其合法权益受到侵犯，应当以拆除房屋的行政机关为被告提起行政诉讼。人民法院通过本案裁判，既明确了公安机关在该类纠纷中具有及时处警、调查、告知等法定职责，也厘清了公安机关保护财产权的职责边界，对于此类纠纷的定分止争起到了重要的指引作用。

案例六：郭某诉某区人社局工伤保险资格认定案

【裁判要旨】

职工不在下班的合理时间，或者明显偏离下班合理路线的途中，发生非本人主要责任的交通事故受到伤害，人社部门不予认定工伤的，人民法院应予支持。

【基本案情】

郭某某系某劳务公司派遣至某电子公司工作的职工，该电子公司夜班时间为 20 时至次日 6 时。考勤表记载郭某某 2017 年 10 月 11 日夜班上班时间为 19 时 49 分，其于当晚 21 点左右接电话后即擅自离开单位(步行)。途中，郭某某通过电话向班组负责人请假但未获批准。当晚 23 时 25 分许，郭某某发生交通事故死亡。路线图显示，电子公司在发生事故的城市快速路西南方向，郭某某租住地在快速路东北方向，步行约 6.6 公里，步行时间约 1.5 小时。交警部门事故证明载明，事故地点在电子公司与郭某某租住地的中间点附近，原因系其违反禁令标志在封闭的城市快速路由东向西穿越机动车道，其对死亡后果承担次要责任。后郭某某的父亲郭某提出工伤认定申请，某区人社局认为郭某某的死亡情形不符合认定工伤或者视同工伤的情形，决定不予认定工伤。郭某不服提起诉讼，请求撤销不予认定工伤决定。

【裁判结果】

一审法院判决驳回郭某的诉讼请求。郭某不服提起上诉。二审法院认为，《最高人民法院关于审理工伤保险行政案件若干问题的规定》第六条明确了“上下班途中”的情形，尤其强调了“合理时间”“合理路线”。郭某某的考勤表可以证明，郭某某系先离岗后请假，但用人单位未批准。郭某某提前 8 个小时下班，明显不属于下班的“合理时间”。涉案路线图等证据证明，郭某某从单位到家正常步行约 1.5 小时，但其步行近 2.5 小时行程仅过半，且严重偏离下班合理路线，明显不符合“合理路线”要求。二审法院判决驳回上诉，维持原判。

【典型意义】

工伤保险虽然能够保障伤亡职工的医疗救治权与经济补偿权，但不可能涵盖涉及职工的所有事故伤害。在工伤认定领域，因“上下班途中”概念的不确定性引发了大量纠纷。本案裁判进一步厘清了“上下班途中”的具体情形。《工伤保险条例》第十四条第六项将工伤认定的情形从工作时间和工作地点延伸到上下班途中，目的是最大限度地保障职工的合法权益。但“上下班途中”情形的认定不能无边界，需要从“合理时间”和“合理路线”进行适当规制，故在适用《工伤保险条例》第十四条第六项时，需要准确把握“上下班途中”的含义。对职工明显不在上下班的“合理时间”，或者明显偏离“合理路线”发生交通事故导致伤亡，人社部门不予认定工伤的，人民法院应予支持。

案例七：倪某某诉某区政府加装电梯项目确认书案

【裁判要旨】

老旧小区加装电梯是一项惠民工程。政府根据业主申请，经规划、住建、市监等有权机关联合审查、衡平各方利益，并充分考虑低楼层合理诉求后，准予加装电梯的，人民法院应予支持。

【基本案情】

2018年7月18日，某小区A幢B单元王某等七户业主提出共同出资加装电梯的申请。该加装电梯项目在最初征求业主意见时，该单元12户业主（包括本案原告、一楼住户倪某某）均签字确认同意。2019年5月1日，某区政府组织规划、住建、市监等职能部门联合审查后认为该项目符合条件，颁发了被诉加装电梯项目确认书。倪某某在项目批准后，以加装电梯影响其通风、采光、房屋安全等为由提起行政诉讼，请求法院撤销某区政府颁发的加装电梯项目确认书。

【裁判结果】

一审法院判决驳回倪某某的诉讼请求。倪某某不服提起上诉，江苏高院二审认为，依据《某市既有住宅加装电梯实施办法（试行）》《某区既有住宅加装电梯实施方案（试行）》等相关规定，某区政府经规划、住建、市监等有权机关联合审查、衡平各方利益，并充分考虑低楼层合理诉求后，作出的加装电梯项目确认书符合法律规定。某市政府于2021年8月公布了具有溯及力的《某市既有住宅加装电梯实施办法》，逐步完善既有住宅加装电梯政策，尽量平衡、兼顾高楼层业主和低楼层业主的利益诉求，公平对待全体业主。江苏高院二审判决驳回上诉，维持原判。

【典型意义】

随着老龄化社会的到来，老旧小区加装电梯需求凸显，加装电梯给高楼层业主带来便利的同时，可能给低楼层业主的通风、采光等造成影响。案件审理过程中，人民法院严格依照《某市既有住宅加装电梯实施办法（试行）》等审查加装电梯项目确认书的合法性，同时兼顾利益平衡原则，充分关注低楼层业主的合法权益保障问题。人民法院一方面弘扬和谐、友善的社会主义核心价值观，积极倡导当事人按照有利生产、方便生活、团结互助、公平合理的原则，正确处理相邻关系；另一方面引导行政机关在工作中秉持共享理念，通过实地调查走访和积极沟通，促进了地方政府逐步完善加装电梯相关配套政策，为后续实质性化解纠纷贡献了司法智慧和力量。本案裁判对助力民生保障、提升城市精细化管理水平，大力弘扬社会主义核心价值观，发挥了司法指引作用。

案例八：上海某集团公司、江苏某实业公司、江苏某置业公司诉某开发区管委会、某区土储中心履行收回土地行政协议案

【裁判要旨】

行政机关违反行政协议约定，应当依据约定支付相应违约金。行政机关主张约定的违约金过分高于实际损失并请求减少的，人民法院可以结合协议履行情况、相对方过错程度以及实际损失等，适当对不合理的违约金予以调整。

【基本案情】

2014 年 12 月 20 日，被告某开发区管委会、某区土储中心与原告上海某集团公司、江苏某实业公司、江苏某置业公司（系招商引资企业，以下简称三原告）签订《收回国有土地使用权补偿协议书》。同日，某开发区管委会（甲方）与三原告（乙方）、某区土储中心（鉴证方）又签订《补充协议书》约定：(1)甲方以 3.1 亿元购买乙方资产，于 10 个工作日内向乙方支付总价的 40%，即第一期 1.24 亿元。(2)乙方办理资产权证变更后 3 个工作日内甲方再支付 50%，即第二期 1.55 亿元；无论资产权证变更是否完成，甲方最迟应在《收回国有土地使用权补偿协议书》签订后三个月内支付完毕。(3)乙方清理完该项目所有债务后甲方支付剩下的 10%，即第三期 0.31 亿元。如甲方未能如期支付款额，则由某区土储中心负责支付。因甲方原因未能按期付款的，按拖欠款额的日万分之五支付违约金。协议签订后，某开发区管委会未完全按照约定及时支付款额，同时三原告亦因与案外人的民事纠纷，导致涉案部分土地及资产被法院查封冻结，影响了某开发区管委会部分款额的支付进度。三原告按拖欠款额的日万分之五（年化率 18.25%）向两被告催要违约金 0.26 亿元未果，提起本案诉讼，请求法院判决某开发区管委会支付违约金 0.26 亿元。

【裁判结果】

一审法院认为，某开发区管委会未按协议约定的时间支付相应款额，应承担违约责任，支付相应违约金。但三原告因其他民事纠纷导致涉案部分土地及资产被查封冻结，影响了部分款额支付进度，亦存在一定过错。某开发区管委会迟延支付款额，对三原告造成的实际损失应为相应利息损失。三原告与两被告之间虽有协议，但协议约定的按照拖欠款额日万分之五计算违约金，已超过当时有效的《最高人民法院关于适用〈中华人民共和国合同法〉若干问题的解释(二)》第二十九条规定的

"造成损失的百分之三十",且明显过分高于造成的实际损失(即迟延支付产生的利息)。故法院对某开发区管委会申请减少违约金的请求予以采纳,并结合协议履行情况、三原告的过错程度等因素,酌定按照中国人民银行发布的同期同类贷款利率或全国银行间同业拆借中心公布的同期同类贷款市场报价利率的1.3倍(即全部利息加上30%的违约金)计算,扣除关联案件查封冻结期间的利息,认定违约金合计724万元。一审法院判决某开发区管委会支付三原告违约金合计724万元;驳回三原告的其他诉讼请求。三原告不服提起上诉,二审法院判决驳回上诉,维持原判。

【典型意义】

打造良好的营商环境,不仅要求行政机关依法行政,还要求诚实守信。行政机关在签订协议后,应当积极履行协议约定的义务,否则应当依据约定支付违约金。拒不支付的,人民法院应当判决支付。协议约定的违约金标准过分高于实际损失,可能违反诚信原则和公平原则,并导致利益严重失衡的,人民法院应当充分发挥审判职能,结合行政机关违约原因、相对方过错程度以及实际损失等,依法适当调整违约金。本案裁判不仅有利于督促协议双方积极履约,也有利于促进诚信政府、诚信社会建设,优化诚实守信的营商环境。

案例九:顾某诉某市政府不履行危房解危职责案

【裁判要旨】

因规划调整等客观原因导致危房所有权人无法自行加固、修缮时,作为具有统筹管理社会经济发展、保护公民人身财产安全职责的一级人民政府,应当依职权对危房进行解危。行政机关以危房所有权人不同意解危方案或者未达成协议为由拒绝解危的,人民法院不予支持。

【基本案情】

顾某房屋所在区域已被列为禁建区,不允许翻建。2019年9月2日,顾某房屋经鉴定危险性等级为D级,构成整体危房,建议停止使用。就危房解危,顾某曾向村委会以及某街道办事处提出申请,并以某街道办事处和某市政府为被告提起行政诉讼寻求救济,但均未果。2020年11月6日,顾某再次诉至法院,请求判决确认某市政府不履行危房解危职责违法,并责令某市政府在法定期限内履行危房解危职责。

【裁判结果】

一审法院认为,案涉房屋被鉴定为D级危房已近2年。案涉房屋所在区域被列为禁建区,顾某无法在原地翻建,也不能取得新的宅基地,顾某的居住权无法得到保障。在此情形下,如放任顾某继续在无法加固、修缮的D级危房内居住,不仅危及其和家人的生命安全,还可能对周边居民带来极大的安全隐患。要求顾某及家人自行在他处购买房屋,则会对其苛以过重的不利义务,也违背危房治理的宗旨。顾某就案涉D级危房解危事宜已向某市政府提出申请,该政府在与顾某多次协商未果、顾某明确表示不认可搬迁解危方案的情形下,不能再以个人不认可搬迁解危方案为由不进行解危,而应当结合本地区提前搬迁解危政策,对房屋评估后作出最终处理决定,最大限度地保障顾某及其家人乃至周边居民的人身安全和财产安全,切实维护顾某合法权益。因此,作为具有统筹管理社会经济发展、全面保护公民人身财产安全职责的一级人民政府,此时其所负的督促、指导以及政策扶助的法定职责,已转化为对公民个人无法自行解危的D级危房进行强制解危的职责。一审法院判决某市政府在一个月内对顾某的提前搬迁解危申请作出处理。双方当事人均未提起上诉,该判决已经发生法律效力。

【典型意义】

民生无小事。在涉及人民群众生命财产安全的危房解危上,行政机关更应当积极履职,回应人民群众的迫切需求。D级危房意味着房屋承重结构承载力已不能满足正常居住要求。当事人向有关部门提出解危申请,历时近2年却得不到妥善解决。在不能加固、修缮的情况下继续居住,势必危及其本人、家人乃至周边居民的人身安全和财产安全。人民法院在解决当事人急难愁盼问题上充分发挥定分止争的职能,判决行政机关在一定期限内对当事人的危房解危申请作出处理,有利于督促行政机关及时履行危房解危法定职责,彻底消除危及人民群众生命财产安全隐患,切实保障当事人合法权益。本案判决生效后,某市政府已作出解危补偿决定,涉案纠纷得以彻底解决。

案例十:汪某与某区拆迁管理中心行政诉前调解司法确认案

【裁判要旨】

经诉前调解达成和解协议,当事人共同申请司法确认的,人民法院可依法出具行政诉前调解书,确认和解协议效力。

【基本案情】

申请人汪某在某区有房屋一套,并有独立车库,后房屋及车库被纳入征收范围,征收实施单位系某区拆管中心。在征收过程中,双方就房屋补偿安置已签订补偿安置协议,但对车库补偿仍有争议,故约定先拆房屋,后就车库补偿再进一步协商。施工单位在拆除房屋时,将车库一并拆除。后汪某向法院提交起诉材料,请求判决确认某区拆管中心拆除其车库违法,并判决拆管中心予以赔偿。

【裁判结果】

法院收到汪某的起诉材料后,经审查,认为该案通过和解方式处理更有利于实质性化解行政争议,故将该案交由特邀调解员进行诉前调解。经数次协调,汪某与某区拆管中心最终达成行政和解协议。为确认协议效力，双方共同向法院申请司法确认。法院经审查认为，申请人达成的行政和解协议符合司法确认的条件，依法确认和解协议有效。

【典型意义】

2021年6月1日起实施的《最高人民法院关于推进行政诉讼程序繁简分流改革的意见》确立了诉前行政和解协议的司法确认制度。南京法院从2021年8月开始启动行政诉讼程序繁简分流改革，并依托与南京市司法局会签订的《关于健全完善行政争议府院联动化解机制的备忘录》，在全市范围内深入推进府院联动。通过组建6个特邀调解组织，选聘30名特邀调解员，不断优化、整合调解力量，完善诉调对接机制，着力破解行政争议实质性化解难题。人民法院通过诉前调解机制，促成当事人协商解决行政争议，在达成和解协议后由当事人向人民法院申请司法确认，并由人民法院依法予以确认。本案是全省法院首个对诉前行政和解协议进行司法确认的典型案例，是江苏法院通过多元纠纷解决机制，依托社会力量实质化解行政争议的成功实践。该案处理对推动全省法院行政诉讼程序繁简分流改革、有效实现诉源治理具有典型意义。

江苏澄扬作物科技有限公司等污染环境案

（2022）参阅案例 17 号

【裁判摘要】

违反国家规定，长期贮存危险废物，放任有毒有害物质泄漏、流失、挥发的，属于《中华人民共和国刑法》第三百三十八条规定的非法处置。

【相关法条】

1.《中华人民共和国刑法》（2017 年修正）第三百三十八条　违反国家规定，排放、倾倒或者处置有放射性的废物、含传染病病原体的废物、有毒物质或者其他有害物质，严重污染环境的，处三年以下有期徒刑或者拘役，并处或者单处罚金；后果特别严重的，处三年以上七年以下有期徒刑，并处罚金。

2.《中华人民共和国固体废物污染环境防治法》（2016 年修正）第五十五条　产生危险废物的单位，必须按照国家有关规定处置危险废物，不得擅自倾倒、堆放；不处置的，由所在地县级以上地方人民政府环境保护行政主管部门责令限期改正；逾期不处置或者处置不符合国家有关规定的，由所在地县级以上地方人民政府环境保护行政主管部门指定单位按照国家有关规定代为处置，处置费用由产生危险废物的单位承担。

第八十八条　本法下列用语的含义：

……

（六）处置，是指将固体废物焚烧和用其他改变固体废物的物理、化学、生物特性的方法，达到减少已产生的固体废物数量、缩小固体废物体积、减少或者消除其危险成份的活动，或者将固体废物最终置于符合环境保护规定要求的填埋场的活动。

……

3.《最高人民法院、最高人民检察院关于办理环境污染刑事案件适用法律若干问题的解释》第三条　实施刑法第三百三十八条、第三百三十九条规定的行为，具有下列情形之一的，应当认定为“后果特别严重”：

……

（二）非法排放、倾倒、处置危险废物一百吨以上的；

……

【点评】

危险废物的收集、贮存、运输、利用、处置须严格依法开展。刑法在污染环境罪中规定了非法排放、倾倒、处置三种行为，如何准确认定非法处置行为是司法实践中的难点。案涉企业未采取符合国家环保标准的防范措施，以“产品中间体”名义露天堆放危险废物3000余吨，有毒有害物质时有泄露、流失、挥发，严重危害生态环境安全。本案认定长期露天大量堆放危险废物的案涉行为属于刑法意义上的“非法处置”，定性准确、依据充分，与《最高人民法院、最高人民检察院、公安部、司法部、生态环境部关于办理环境污染刑事案件有关问题座谈会纪要》精神也相契合，为准确界定污染环境罪中的“处置”行为样态提供了样本。对危化品行业企业以“产品中间体”名义违规堆放、怠于处置危险废物的“潜规则”行为，具有强烈的震慑警示作用。

公诉机关：南京市六合区人民检察院。

被告单位：江苏澄扬作物科技有限公司，住所地南京市江北新区长芦街道罐区南路83号。

被告人：欧阳立新，男，1967年出生，汉族，原系江苏澄扬作物科技有限公司总经理，住南京市六合区玉带镇。

被告人：李祥，男，1975年出生，汉族，原系江苏澄扬作物科技有限公司副总经理，住南京市建邺区。

南京市六合区人民检察院以被告单位江苏澄扬作物科技有限公司（以下简称澄扬公司）、被告人欧阳立新、李祥犯污染环境罪，向南京市玄武区人民法院提起公诉。

公诉机关指控：被告单位澄扬公司系一生产农药杀菌剂苯醚甲环唑、环丙唑醇的企业，自2015年下半年起在江北新区长芦街道罐南路83号的厂区内设置露天堆场堆放产余物料。被告人欧阳立新自2016年6月起任澄扬公司总经理，到任后与被告人李祥等人商议决策，在明知公司生产中产生的氯化钠、硫酸钾等溶液系危险废物以及所采取的防范措施达不到危险废物贮存标准的情况下，延续公司2015年以来的做法，逐年对原露天堆场进行扩建，并指示、安排工人将生产中产生的固体、液体混合废弃物长期贮存、搁置在露天堆场。在长期堆放过程中，上述物质时有流失、泄漏、挥发。

经鉴定,澄扬公司露天堆放的 CY1202 粗品、苯醚粗品 CY1201、DMF 水溶液、氯化钠溶液、硫酸钾溶液、苯醚硝酸盐固体、溴化钾等物料共计 3540 余吨属于危险废物。

经检测,澄扬公司露天堆场地下土壤、水样部分特征污染物超出基准线 20%,根据《生态环境损害鉴定评估技术指南——土壤与地下水》相关规定,认定造成生态环境损害。

公诉机关认为,应当以污染环境罪追究被告单位澄扬公司及被告人欧阳立新、李祥的刑事责任。

被告单位澄扬公司对公诉机关指控的事实不持异议,辩称其行为不构成犯罪。其辩护人提出如下辩护意见:澄扬公司接受行政部门的调查处理,案发后进行了整改。澄扬公司主观上没有犯罪的故意,现有证据不足以证实行为与环境受损之间具有因果关系,行为没有造成污染环境的后果,不构成污染环境罪。露天堆场土壤与地下水环境现状调查报告未做本底调查,背景点处绿化具有水土净化功能,背景点选择不合理,取样也不规范,检测结果低于《土壤环境质量建设用地土壤污染风险管控标准(试行)》(GB 36600－2018)第二类用地风险筛选值、优于《地下水质量标准》(GB/T 14848－2017)四级标准;案涉气体检测报告未做本底调查,系在仓库内取样而非外环境;前述报告均不应作为定案依据。

被告人欧阳立新对公诉机关指控的事实和罪名不持异议,表示认罪认罚。其辩护人提出如下辩护意见:对公诉机关指控的事实和罪名不持异议。露天堆场采取了一定的防护措施,被告人的主观恶性较小,具有自首情节,认罪认罚,请求对其减轻处罚。

被告人李祥对公诉机关指控的事实和罪名不持异议,表示认罪认罚。其辩护人提出如下辩护意见:对公诉机关指控的事实和罪名不持异议。露天堆场采取了一定的防护措施,被告人李祥在共同犯罪中属于从犯,具有自首情节,认罪认罚,请求对其免予刑事处罚或适用缓刑。

南京市玄武区人民法院一审经审理查明:

澄扬公司于 2007 年 6 月成立,经营范围为苯醚甲环唑、环丙唑醇(均系农药项目)的生产、销售等,实际于 2013 年年底投产运行。该公司经环保部门批复的《200 吨/年环丙唑醇、200 吨/年苯醚甲环唑农药项目环境影响报告书》载明,危险废物产生量合计 1143.75 吨/年,危险废物类型主要包括:减压精馏残渣、缩合钾盐、异丙醇回收残渣、DMF 吸收残液、废溶剂吸收液、高浓废水精馏前馏、高浓废水精馏釜残、废包装材料、污水处理污泥。2017 年,澄扬公司就产品苯醚甲环唑、环丙唑醇扩大产能,经环保部门批复的《1000 吨/年苯醚甲环唑、400 吨/年环丙唑醇、200 吨/年叶菌唑等 6 个农药原药及相关产品技改项目环境影响报告书》载明,全厂总产能产生的危险废物总量合计4651.907吨/年，危险废物类型主要包括：工艺废渣/废液、工艺过滤废渣、废溶剂吸收液、三效蒸发废渣、废污泥、精馏废液、废矿物油、废包装材料、废滤袋。澄扬公司生产中产生的废气污染物主要为二氧化硫、溴化氢、氯化氢、二氯甲烷、甲苯、DMF等。

为减少成本支出等，自2015年下半年起，澄扬公司擅自在其位于南京市江北新区长芦街道罐南路83号的厂区内设置露天堆场，用于堆放前述产余物料。被告人欧阳立新自2016年6月起任澄扬公司总经理，全面负责公司的日常经营、行政和管理等各项事宜。被告人李祥自2016年起任澄扬公司生产经理，后于2018年年初任副总经理，主持产品中心工作，负责生产的日常运行工作等。为满足经营中不断累积的产余物料堆放需要，被告人欧阳立新、李祥等人在明知澄扬公司的产余物料系危险废物，明知在露天堆场堆放危险废物违反国家规定、所采取的防范措施（地面水泥硬化、设置围堰、收集井、雨布遮盖、日常巡检）达不到危险废物贮存标准的情况下，经共同研究决定，于2016年、2017年分次对原露天堆场进行扩建（建成后面积约7200m^2），并指示、安排工人将生产中产生的危险废物以“产品中间体”名义长期堆放、贮存在该露天堆场。被告人李祥负责露天堆场的使用分配和日常管理。因堆放的产余物料具有致害性、有刺激性气味等，工作人员巡检时需佩戴口罩、胶皮手套、护目镜等防护用品。在长期堆放过程中，产余物料物质时有流失、泄漏、挥发。澄扬公司因气味扰民等问题曾多次被举报，有关行政部门检查时多次要求其就露天堆放物料的行为进行整改。

2019年4月8日，江苏省生态环境厅在巡查时发现澄扬公司位于露天堆场的案涉危险废物。同年4月10日前后，为避免环境风险和安全事故的发生，有关行政部门责令澄扬公司将案涉危险废物紧急转移至南京密尔克卫化工供应链服务有限公司（以下简称密尔克卫公司）、江苏环宝物流有限公司（以下简称环宝公司）的仓库内分类存储。同年4月15日，南京市公安局江北新区分局（以下简称江北新区分局）予以立案侦查。经称量和鉴定，澄扬公司露天堆放的369.9吨CY1202粗品、1170.389吨苯醚粗品CY1201、194.535吨DMF水溶液、848.169吨氯化钠溶液、1034.452吨硫酸钾溶液、7.418吨苯醚硝酸盐固体、11.104吨溴化钾等物料共计3635.967吨，在不作为中间物料返回生产工艺使用的情况下，属于危险废物。

2019年5月，江北新区分局委托江苏环保产业技术研究院股份公司（以下简称环保研究院公司）就露天堆场土壤和地下水环境现状进行调查。环保研究院公司出具了调查报告，主要意见为：该露天堆场所在位置地下土壤重金属指标、无机盐指标、有机物指标、石油烃指标以及地下水氯化物、硫酸盐等部分特征因子超出基准线20%。同年5月22日，江苏省苏力环境科技有限责任公司（以下简称苏力环境公司)受江北新区分局委托,依法对存放案涉危险废物的环宝公司29库区环境空气进行检测,所选2个点位各3次检测中均检出二氯甲烷,检出浓度为12.0μg/m^3至27.4μg/m^3不等,大幅超过检出限值0.4μg/m^3。二氯甲烷系列入我国《有毒有害大气污染物名录(2018年)》的大气污染物。

2019年4月15日,被告人欧阳立新、李祥经公安机关电话传唤到案,并如实供述了犯罪事实。

另查明,被告人欧阳立新、李祥2018年度收入分别为73万余元、28万余元。

此外,本案审理期间,经法院组织协调,澄扬公司将案涉危险废物(其中21吨多苯醚粗品回收利用)依法委托有危险废物处理资质的单位予以处理,处理的危险废物称重合计3540余吨,澄扬公司为此支出处置费用2420余万元。

南京市玄武区人民法院一审审理认为:

一切单位和个人都有保护环境的义务。根据《中华人民共和国固体废物污染环境防治法》规定,对危险废物的容器和包装物以及收集、贮存、运输、处置危险废物的设施、场所,必须设置危险废物识别标志。产生危险废物的单位,必须按照国家有关规定处置危险废物,不得擅自倾倒、堆放。产生危险废物的单位,必须按照国家有关规定制订危险废物管理计划,并向所在地县级以上地方人民政府环境保护行政主管部门申报危险废物的种类、产生量、流向、贮存、处置等有关资料。申报事项或者危险废物管理计划内容有重大改变的,应当及时申报。

根据我国《危险废物贮存污染控制标准》(GB 18597-2001)规定,危险废物贮存设施在施工前应做环境影响评价。危险废物贮存设施必须有泄漏液体收集装置、气体导出口及气体净化装置,周围应设置围墙或其他防护栅栏;气体导出口排出的气体经处理后须满足有关国家标准要求。装载危险废物的容器必须完好无损,用以存放装载液体、半固体危险废物容器的地方,必须有耐腐蚀的硬化地面,且表面无裂隙。危险废物堆要防风、防雨、防晒;危险废物堆内要设计雨水收集池,并能收集25年一遇的暴雨24小时降水量。

危险废物属于有毒物质。被告单位澄扬公司违反规定擅自设置露天堆场堆放危险废物,虽采取了一定的防护措施,但与危险废物贮存设施要求相比存在较大差距,其以“产品中间体”名义长达数年露天堆放数千吨危险废物,长期放任有毒有害物质泄露、流失、挥发,应当认定为非法处置危险废物。根据《最高人民法院、最高人民检察院关于办理环境污染刑事案件适用法律若干问题的解释》第三条的规定,非法处置危险废物一百吨以上的,应当认定为后果特别严重。被告单位澄扬公司非法处置危险废物数千吨,属于后果特别严重。同时,被告单位澄扬公司就露天堆场的危险废物采取了一定的防护措施,其非法处置行为有别于一般的积极处置行为,属于消极处置危险废物，所造成的危害后果显著弱于积极非法处置同等数量的危险废物，该情节在量刑时应予充分考量。

公诉机关就本案污染环境实际危害后果提交了露天堆场土壤和地下水环境现状调查报告、危险废物转移后暂存仓库内的气体检测报告等大量证据，被告单位对前述报告的证明力持有异议。对此，南京市玄武区人民法院认为，判定案涉行为造成的环境污染后果，应结合其对大气、土壤、水体等外环境造成的不利影响综合认定。露天堆场土壤和地下水环境现状调查报告，系侦查机关依法委托由具有资质的专业机构所做，即便所选背景点绿化对浅层土壤具有净化功能，但土壤取样选取了不同深度的多个点位，且地下水取样检测结果也印证露天堆场的环境状况弱于背景点位，与环境影响报告书中 2014 年厂区土壤和地下水监测结果相比亦存在一定差距，特别是氯化物、硫酸盐、硝酸盐氮含量显著偏高，而澄扬公司的污染物种类与周边临近企业存在较大差异，污染源能够排除其他合理怀疑。危险废物转移后暂存仓库内的气体检测报告，系具有资质的检测机构根据侦查机关委托所做，检测的仓库专门用于存放案涉危险废物，仓库环境属于外环境的一部分，检出的超标大气污染物二氯甲烷与澄扬公司项目的废气污染物亦吻合。前述报告来源合法，与本案具有关联性，应当作为定案依据，有关辩护意见不予采纳。证人徐某成、杨某峰、宗某等人的证言，生产调度会记录，周例会材料，堆场巡查记录表、工单、交办单，环境监察现场检查（勘验）记录表、露天堆场勘验笔录，刑事摄影照片等证据相互印证，能够证实露天堆场物料时有泄露、围堰和遮盖雨布时有破损、水泥地面有裂缝、物料洒落未及时处理、雨天堆场地面积水呈黄色、收集池直排雨水管网、堆场有刺激性气味等事实。露天堆场土壤和地下水环境现状有 2014 年监测数据、背景点数据作为对照，存储转移危险废物的仓库内检出大幅超出检出限值的大气污染物二氯甲烷，认定案涉行为与环境受到污染之间存在因果关系，符合一般人的认知标准，有关辩护意见不予采纳。被告单位澄扬公司长期持续露天堆放数千吨危险废物，不仅实际造成了难以量化的外环境受损后果，而且产生巨大的环境安全隐患，有关不存在污染后果的辩护意见不能成立。案涉污染环境行为系为了澄扬公司的单位利益，由公司主要负责人欧阳立新召集管理人员研究决定，应当认定为单位犯罪。本案责任主体均明知不符合国家规定而长期露天堆放危险废物，主观上具有放任环境污染的犯罪故意。被告单位澄扬公司违反国家规定，处置有毒物质，后果特别严重，其行为构成污染环境罪，有关不构成犯罪的辩护意见不能成立。被告人欧阳立新、李祥系单位犯罪中直接负责的主管人员，应以污染环境罪对其定罪处罚。南京市六合区人民检察院指控事实清楚，证据确实、充分，指控罪名成立，予以支持。被告单位澄扬公司怠于处置危险废物，数年来延缓、减少巨额的处置成本支出，变相获取非法利益，相应违法所得应予追缴。案发后，被告单位澄扬公司积极配合将案涉危险废物依法处理，可以酌情从轻处罚。被告人欧阳立新、李祥经公安机关电话传唤到案，并如实供述犯罪事实，应当认定为自首，依法可以减轻处罚；二被告人认罪认罚，依法可以从宽处理；有关辩护意见予以采纳。被告人李祥参与露天堆场扩建决策，并负责露天堆场的使用分配和管理，在共同犯罪中起主要作用，依法不应认定为从犯；结合本案犯罪情节，被告人李祥不符合免刑条件，亦不宜宣告缓刑；有关辩护意见不予采纳。

南京市玄武区人民法院于2020年6月29日作出(2020)苏0102刑初25号判决，被告单位澄扬公司犯污染环境罪，判处罚金人民币一千万元，追缴被告单位澄扬公司的违法所得，上缴国库。被告人欧阳立新犯污染环境罪，判处有期徒刑一年三个月，并处罚金人民币四十万元。被告人李祥犯污染环境罪，判处有期徒刑一年，并处罚金人民币十五万元。

一审宣判后，被告单位澄扬公司、被告人欧阳立新、李祥不服，向南京市中级人民法院提出上诉。二审审理期间，上诉人欧阳立新、李祥自愿申请撤回上诉。

上诉单位澄扬公司的上诉理由及其辩护人的辩护意见是：(1)《澄扬公司露天堆场和地下水环境现状调查报告》取样程序严重违规，案涉空气检测报告检测方法不规范，报告结果均不具有科学性、客观性，不能作为定案证据使用。(2)上诉单位仅是临时堆放贮存而非处置。(3)临时堆场系应南京市生态环境局的要求而设立，并非上诉单位擅自设立。(4)原判认定造成环境污染后果缺乏充分证据支撑，认定事实不清。(5)原审认定污染环境"后果特别严重"依据不足，构成法律适用错误。(6)案涉产余物料不是危险废物，原判认定危险废物的依据不充分。请求二审依法改判上诉单位无罪。

南京市中级人民法院经二审审理，确认了一审查明的事实。

南京市中级人民法院二审审理认为：

关于涉案产余物料是否属于危险废物的问题。一方面，上诉人欧阳立新、李祥的供述和证人徐某成、杨某峰、宗某等人的证言，能够证明露天堆放的产余物料主要包括苯醚粗品CY1201、DMF水溶液、氯化钠溶液、苯醚硝酸盐、CY1202粗品、硫酸钾溶液(含二氯甲烷、硫酸盐、甲醇、二甲亚砜)，散发出刺激性气味，操作中需要戴橡胶手套、口罩、护目镜、安全帽、胶鞋等防护用品，溅到身上可能对人体造成损伤，摄入人体内是有害的，遇水会稀释出有毒有害物质，袋装的活性炭有比较明显的甲苯味道。另一方面，案发后，南京市生态环境局委托南京大学环境规划设计研究院集团股份公司对前述物料属性进行判定，鉴别意见为：按照国家危险废物名录、国家规定的危险废物鉴别标准和鉴别方法，结合澄扬公司的环境影响评价文件、危险废物核查报告、专家论证意见，前述物料在不作为中间物料返回生产工艺使用的情况下，属于危险废物。原审据此认定涉案长期堆放的产余物料属于危险废物,依据充分。

关于涉案堆场土壤和地下水检测报告以及空气检测报告能否作为定案依据的问题。受江北新区分局委托,环保研究院公司、苏力环境公司分别针对涉案堆场土壤和地下水、暂存点库区环境空气进行调查检测,出具了相应调查报告和检测报告,认定涉案堆场位置地下土壤重金属、无机盐、有机物等部分污染物特征因子超标,暂存地库区二氯甲烷浓度远超国家限值。环保研究院公司、苏力环境公司系依法经批准成立的从事环境科学技术测试与分析,环境监测,环境地质调查与勘查等技术服务的单位,其在接受委托后指派或委托指派相应技术人员进行选点取样,并按照规定技术路线进行调查监测,上述单位具备主体资质、调查取样程序合规、监测技术方法适当,由此形成的调查监测报告能够客观反映案发地环境状况,且经法庭出示质证,能够作为定案证据使用。上诉单位及其辩护人关于环保研究院公司、苏力环境公司出具的调查鉴定报告不能作为证据使用的上诉理由和辩护意见,法院不予采纳。

关于原判认定上诉单位属于非法处置定性是否正确的问题。《中华人民共和国固体废物污染环境防治法》第一百二十四条第九项的规定,处置,是指将固体废物焚烧和用其他改变固体废物的物理、化学、生物特性的方法,达到减少已产生的固体废物数量、缩小固体废物体积、减少或者消除其危险成分的活动,或者将固体废物最终置于符合环境保护规定要求的填埋场的活动。本案中,上诉单位至迟自2015年开始即在厂区内堆放涉案产余物料,至案发时已逾四年,且数量巨大,属于长期大量堆放;上诉单位虽然对堆放地点采取过一定程度硬化措施,但不符合长期贮存条件要求,导致物料存在渗透、挥发情形,物料在数量、体积上有所减少,客观上也造成了堆场附近土壤及地下水、空气等环境要素的损害,原审法院根据查明事实,结合《最高人民法院、最高人民检察院、公安部、司法部、生态环境部关于办理环境污染刑事案件有关问题座谈会纪要》有关规定,认定上诉单位在不符合长期贮存条件下大量堆放涉案废料的行为属于《中华人民共和国刑法》第三百三十八条以及《最高人民法院、最高人民检察院关于办理环境污染刑事案件适用法律若干问题的解释》第三条第二项规定的非法处置,定性准确,依据充分。

关于上诉单位堆放涉案产余物料是否造成环境污染的问题。根据上诉单位的环评文件、固体废物属性判定报告、上诉人欧阳立新、李祥供述以及相关证人证言等证据,足以证明上诉单位露天堆放的产余物料主要由CY1202粗品、苯醚粗品CY1201、DMF水溶液、氯化钠溶液、硫酸钾溶液、苯醚硝酸盐固体、溴化钾等物质组成,上述物质虽可作中间原料返回生产工艺再使用,但在不作为原料返回利用情况下属于危险废物。上诉单位在未采取有效防护措施情况下将上述物料长期大量堆放于厂区,此种放任做法势必造成含重金属溶液的渗透、二氯甲烷及含苯物质挥发，足以导致土壤、地下水及大气污染和损害。而且，环境监察现场检查（勘验）记录表、露天堆场勘验笔录、刑事摄影照片及相关证人证言相互印证，也能够证实堆放的产余物料有泄露、物料洒落没有及时清理、围堰和遮盖雨布存在破损、硬化过的水泥地面有裂缝、雨天堆场地面存在黄色积水以及堆场有刺激性气味等事实客观存在，结合物料属性判定报告、调查检测报告等证据，足以证明涉案危险废物存在污染环境的事实。上诉单位有关涉案物料没有造成环境污染损害的上诉理由和辩护意见，法院不予采纳。

关于上诉单位污染环境犯罪是否达到“后果特别严重”情形问题。《中华人民共和国刑法》第三百三十八条规定，违反国家规定，排放、倾倒或者处置有放射性的废物、含传染病病原体的废物、有毒物质或者其他有害物质，严重污染环境的，处三年以下有期徒刑或者拘役，并处或者单处罚金；后果特别严重的，处三年以上七年以下有期徒刑，并处罚金。根据《最高人民法院、最高人民检察院关于办理环境污染刑事案件适用法律若干问题的解释》第三条第二项的规定，非法排放、倾倒、处置危险废物一百吨以上的，属于《中华人民共和国刑法》第三百三十八条规定的“后果特别严重”。本案中，上诉单位非法处置危险废物数量3500余吨，原判认定其犯罪后果特别严重定性准确，而在量刑方面，原审法院充分考虑了上诉单位处置方式特殊性和社会危害性，结合其长期非法堆放而节省的防治支出和案发后废料合法处置实际支出情况，参考公诉机关所提的量刑建议，判处上诉单位罚金一千万元，量刑并无不当。

南京市中级人民法院于2021年11月15日作出（2020）苏01刑终525号裁定：

一、准许上诉人欧阳立新、李祥撤回上诉。

二、驳回上诉单位江苏澄扬作物科技有限公司上诉，维持原判。

案例报送单位：南京市玄武区人民法院
一审合议庭成员：高　伟、安洪强、钟正宝
二审合议庭成员：陈　迎、姜　立、于元祝
报送人：安洪强
审稿人：宋泰玮

北京市丰台区源头爱好者环境研究所诉江苏沙钢集团有限公司环境污染民事公益诉讼案

（2022）参阅案例18号

【裁判摘要】

环境民事公益诉讼原告申请撤诉的，人民法院应当区分不同性质的诉讼请求，审查是否予以准许。负有环境资源保护监督管理职责的部门依法履行监管职责，而使原告关于被告承担生态环境修复、赔偿责任等涉及公共利益的诉讼请求已经全部实现的，应准许原告撤诉；对于被告承担律师费及为诉讼支出的其他合理费用等仅涉及原告自身利益的诉讼请求，则按照普通民事诉讼撤诉审查标准审查。

【相关法条】

1.《中华人民共和国民法典》第一千二百三十四条　违反国家规定造成生态环境损害，生态环境能够修复的，国家规定的机关或者法律规定的组织有权请求侵权人在合理期限内承担修复责任。侵权人在期限内未修复的，国家规定的机关或者法律规定的组织可以自行或者委托他人进行修复，所需费用由侵权人负担。

第一千二百三十五条　违反国家规定造成生态环境损害的，国家规定的机关或者法律规定的组织有权请求侵权人赔偿下列损失和费用：

（一）生态环境受到损害至修复完成期间服务功能丧失导致的损失；

（二）生态环境功能永久性损害造成的损失；

（三）生态环境损害调查、鉴定评估等费用；

（四）清除污染、修复生态环境费用；

（五）防止损害的发生和扩大所支出的合理费用。

2.《中华人民共和国民事诉讼法》（2017 年修正）第一百四十五条　宣判前，原告申请撤诉的，是否准许，由人民法院裁定。

人民法院裁定不准许撤诉的，原告经传票传唤，无正当理由拒不到庭的，可以缺席判决。

3.《最高人民法院关于审理环境民事公益诉讼案件适用法律若干问题的解释》第二十一条　原告请求被告赔偿生态环境受到损害至修复完成期间服务功能丧失导致的损失、生态环境功能永久性损害造成的损失的，人民法院可以依法予以支持。

第二十二条　原告请求被告承担以下费用的，人民法院可以依法予以支持：

（一）生态环境损害调查、鉴定评估等费用；

（二）清除污染以及防止损害的发生和扩大所支出的合理费用；

（三）合理的律师费以及为诉讼支出的其他合理费用。

第二十六条　负有环境资源保护监督管理职责的部门依法履行监管职责而使原告诉讼请求全部实现，原告申请撤诉的，人民法院应予准许。

【点评】

环境民事公益诉讼中，原告提起诉讼维护的是社会公共利益，故法院对原告的撤诉申请应当进行特别审查。一般而言，原告诉讼请求包括以下内容：一是涉及公共利益的诉讼请求，包括清除污染、修复生态环境、赔偿损失等；二是涉及原告自身利益的诉讼请求，包括律师代理费、差旅费等为进行诉讼而支付的费用及案件受理费的负担。《最高人民法院关于审理环境民事公益诉讼案件适用法律若干问题的解释》第二十六条规定，负有环境资源保护监督管理职责的部门依法履行监管职责而使原告诉讼请求全部实现，原告申请撤诉的，人民法院应予准许。该条款中“原告诉讼请求全部实现”所包含的内容不够清晰，是指涉及公共利益的诉讼请求全部实现，还是涉及公共利益和原告自身利益的诉讼请求全部实现，实践中存在争议。本案裁判明确了环境民事公益诉讼撤诉审查标准，涉及公共利益的诉讼请求全部实现的，应当准许原告撤诉，涉及原告自身利益的诉讼请求，则按照普通民事诉讼撤诉审查标准进行审查。本案对于完善环境民事公益诉讼撤回起诉制度具有积极意义，对于类似案件的审理具有一定的指导意义。

原告:北京市丰台区源头爱好者环境研究所,住所地北京市丰台区丰管路。

被告:江苏沙钢集团有限公司,住所地江苏省苏州市张家港市锦丰镇。

北京市丰台区源头爱好者环境研究所(以下简称源头爱好者)因与江苏沙钢集团有限公司(以下简称沙钢集团)环境污染责任纠纷一案,向苏州市中级人民法院提起环境污染民事公益诉讼。苏州市中级人民法院于2019年3月15日立案受理并进行了审理。

原告源头爱好者诉称:被告沙钢集团是一家全流程钢铁生产企业,长期存在超标排放废气和烟尘等污染物,钢渣违规堆放污染土壤、地下水和水质等问题,造成大气环境以及长江水环境损害,依法应当承担法律责任。原告提出诉讼请求:(1)判令被告停止侵权,立即停止烟尘、废气等超标排放,停止违规堆放废渣废物等损害环境公益的违法行为;(2)判令被告赔礼道歉,对反复损害环境公益的行为在全国主流媒体向社会公众赔礼道歉;(3)判令被告消除危险,即采取有效措施消除烟尘废气对大气环境以及废渣废物对长江水环境等公共利益的环境风险;(4)判令被告赔偿损失,即赔偿环境受到损失至恢复原状期间服务功能损失,共计800万元(最终以评估确定的数额为准);(5)判令被告承担本案检验、鉴定费用,合理的律师费以及原告为诉讼支出的差旅费等费用,共计11万元(最终以确定的数额为准);(6)判令被告承担本案的全部诉讼费用。

被告沙钢集团辩称:(1)原告的宗旨和业务范围不是维护社会公共利益和从事环境保护公益活动,主体资格不适格。(2)被告认真落实环保政策、投入巨额资金对环保设施进行改造提升,并获得了一系列环保荣誉。(3)原告所列具体环境问题已经整改完毕,或者按计划在整改当中,原告的诉讼目的已经实现。

苏州市中级人民法院经审理查明:

2018年6月28日,生态环境部通报沙钢集团百万吨钢渣堆放问题,其厂区内的钢渣贮存场未严格按照《一般工业固体废物贮存、处置场污染控制标准》(GB 18599-2001)的要求进行设计建设,未配套建设渗滤液导流渠、堤、坝、挡土墙、集排水和处理设施、防渗设施和地下水质监测井等,存在较大的污染环境风险。此外,沙钢集团热电厂135MW燃气锅炉存在超标排放大气污染物的情况。

2019年4月19日,原告源头爱好者以案件客观情况发生变化为由,申请撤回起诉。

苏州市中级人民法院经审查认为,《最高人民法院关于审理环境民事公益诉讼案件适用法律若干问题的解释》第二十六条规定,负有环境资源保护监督管理职责的部门依法履行监管职责而使原告诉讼请求全部实现,原告申请撤诉的,人民法院应予准许。经核查,原告源头爱好者的撤诉理由不符合上述规定,故不予准许。依照《中华人民共和国民事诉讼法》第一百四十五条第一款、《最高人民法院关于适用〈中华人民共和国民事诉讼法〉的解释》第二百三十八条第一款规定,于 2019 年 10 月 22 日作出(2019)苏 05 民初 299 号之一民事裁定:不准许北京市丰台区源头爱好者环境研究所撤诉。

2019 年 10 月 17 日,张家港市人民政府致函苏州市中级人民法院:"贵院受理的(2019)苏 05 民初 299 号北京丰台区源头爱好者环境研究所诉江苏沙钢集团有限公司环境损害赔偿纠纷一案,根据《苏州市人民政府关于同意张家港市开展生态损害赔偿办理工作的批复》(苏府复〔2019〕58 号)的要求,张家港市人民政府作为江苏沙钢集团有限公司生态环境损害案件赔偿工作的办理机构,现已启动生态环境损害赔偿磋商的相关工作。"

苏州市中级人民法院认为,根据中共中央办公厅国务院办公厅印发《生态环境损害赔偿制度改革方案》及《江苏省生态环境损害赔偿磋商办法(试行)》的相关规定,苏州市人民政府作为国务院授权的本行政区域内生态环境损害赔偿权利人,在生态环境损害发生后,可以组织开展生态环境损害调查、鉴定评估、修复方案编制等工作,主动与赔偿义务人磋商,具体工作可指定相关部门或机构办理。因此,张家港市人民政府作为苏州市人民政府指定的沙钢集团生态环境损害案件赔偿工作的办理机构,其与沙钢集团就案涉生态环境损害赔偿的磋商结果,必将影响案件的审理。故依照《中华人民共和国民事诉讼法》第一百五十条第一款第六项、第一百五十四条第一款第六项的规定,于 2019 年 10 月 29 日作出(2019)苏 05 民初 299 号之二民事裁定:本案中止诉讼。

经第三方鉴定评估,沙钢集团超标排放大气污染物和违规堆存钢渣造成的生态环境损害数额合计约 40349639.59 元。2020 年 12 月 5 日,张家港市人民政府与沙钢集团经磋商达成《生态环境损害赔偿协议》,根据该赔偿协议,苏州市环境保护督察整改工作领导小组召开审核会研究认定,沙钢集团违规堆存钢渣问题和超标排放大气污染物问题已经整改到位,受损的生态环境已得到完全修复。2021 年 6 月 4 日,南京市中级人民法院作出(2021)苏 01 民特 64 号裁定,确认《生态环境损害赔偿协议》及补充协议合法有效。

2021 年 2 月 23 日,原告源头爱好者以案件已经过当地生态环境损害赔偿磋商程序为由,再次申请撤回起诉。

苏州市中级人民法院经审查认为,张家港市人民政府作为苏州市人民政府指定的生态环境损害赔偿政府磋商工作办理机构,其与沙钢集团经磋商就案涉污染达成《生态环境损害赔偿协议》,为保障公众知情权和参与权，张家港市人民政府在向南京市中级人民法院申请司法确认之前，在其政府网站公告了协议内容。南京市中级人民法院已作出（2021）苏01民特64号民事裁定书，确认《生态环境损害赔偿协议》及补充协议合法有效。《最高人民法院关于审理环境民事公益诉讼案件适用法律若干问题的解释》第二十六条规定，负有环境资源保护监督管理职责的部门依法履行监管职责而使原告诉讼请求全部实现，原告申请撤诉的，人民法院应予准许。原告源头爱好者于2019年4月19日第一次提出撤诉申请时，因尚无充分证据证明原告涉及公共利益的诉讼请求已得到完全实现，故对其撤诉申请不予准许。原告源头爱好者于2021年2月23日第二次提出撤诉申请，经审查，其诉讼请求中的停止侵害、消除危险、赔礼道歉、赔偿损失及承担检验、鉴定费用等涉及公共利益的诉讼请求，已经在生态环境损害赔偿磋商后得到全部实现；要求被告承担律师费、差旅费等为诉讼支出的费用以及诉讼费用的诉讼请求，均仅涉及原告私人利益，原告申请撤回系在法律规定的范围内处分自己的民事权利和诉讼权利。故原告源头爱好者本次申请撤诉的理由符合司法解释的规定，应予准许。

依照《中华人民共和国民事诉讼法》第一百四十五条第一款之规定，苏州市中级人民法院于2021年6月5日作出（2019）苏05民初299号民事裁定：

准许北京市丰台区源头爱好者环境研究所撤诉。

报送单位：苏州市中级人民法院

一审合议庭成员：潘　亮、张　蕾、顾　平、陆黎明、祝洪鑫、刘　巍、金建荣

报送人：潘　亮、林晨晖

审稿人：缪　芳

武汉卓航江海贸易有限公司、向阳等12人污染环境刑事附带民事公益诉讼案

(2022)参阅案例19号

【裁判摘要】

船舶偷排含油污水案件中,人民法院可以根据船舶航行轨迹、污染防治设施运行状况、污染物处置去向,结合被告人供述、证人证言、专家意见等证据对违法排放污染物的行为及其造成的损害作出认定。认定船舶偷排的含油污水是否属于有毒物质时,由于客观原因无法取样的,可以依据来源相同、性质稳定的舱底残留污水进行污染物性质鉴定。

【相关法条】

1.《中华人民共和国刑法》第三百三十八条　违反国家规定,排放、倾倒或者处置有放射性的废物、含传染病病原体的废物、有毒物质或者其他有害物质,严重污染环境的,处三年以下有期徒刑或者拘役,并处或者单处罚金;情节严重的,处三年以上七年以下有期徒刑,并处罚金;……

第三百四十六条　单位犯本节第三百三十八条至第三百四十五条规定之罪的,对单位判处罚金,并对其直接负责的主管人员和其他直接责任人员,依照本节各该条的规定处罚。

2.《最高人民法院、最高人民检察院关于办理环境污染刑事案件适用法律若干问题的解释》第一条　实施刑法第三百三十八条规定的行为,具有下列情形之一的,应当认定为"严重污染环境":

……

(五)通过暗管、渗井、渗坑、裂隙、溶洞、灌注等逃避监管的方式排放、倾倒、处置有放射性的废物、含传染病病原体的废物、有毒物质的;

……

第十三条　对国家危险废物名录所列的废物,可以依据涉案物质的来源、产

生过程、被告人供述、证人证言以及经批准或者备案的环境影响评价文件等证据，结合环境保护主管部门、公安机关等出具的书面意见作出认定。

对于危险废物的数量，可以综合被告人供述，涉案企业的生产工艺、物耗、能耗情况，以及经批准或者备案的环境影响评价文件等证据作出认定。

3.《中华人民共和国水污染防治法》第五十九条　船舶排放含油污水、生活污水，应当符合船舶污染物排放标准。从事海洋航运的船舶进入内河和港口的，应当遵守内河的船舶污染物排放标准。

船舶的残油、废油应当回收，禁止排入水体。

禁止向水体倾倒船舶垃圾。

船舶装载运输油类或者有毒货物，应当采取防止溢流和渗漏的措施，防止货物落水造成水污染。

进入中华人民共和国内河的国际航线船舶排放压载水的，应当采用压载水处理装置或者采取其他等效措施，对压载水进行灭活等处理。禁止排放不符合规定的船舶压载水。

【点评】

船舶航行时形成的含油废水系有毒物质，不经有效处理直接排放会污染水体环境，对水体生态环境安全造成严重威胁。现实中，部分船舶为降低运营成本，想方设法逃避监管将未经处理的废油水偷排至自然水域。废油水一旦进入水体即被稀释，且船舶偷排废油水行为多发生在夜间航行过程中，故对此类行为的查处和取证难度很大。本案中，在没有案涉船舶排污的直接证据、排放污染物也无法取样鉴定其性质的情况下，法院通过证据规则的运用，综合认定违法排放污染物的行为及造成的生态环境损害，并明确了将来源相同、性质稳定的舱底残留污水作为污染物性质鉴定检材的审判思路，有效破解了航运船舶偷排含油污水取证难、损害后果认定难问题，对同类案件的审理具有较强的指导意义，对规范船舶运输行业经营，彻底破除行业非法排污“潜规则”具有积极作用。

公诉机关暨附带民事公益诉讼起诉人：南京市鼓楼区人民检察院。

被告单位暨附带民事公益诉讼被告：武汉卓航江海贸易有限公司，住所地湖北省武汉市江汉区。

被告人：孙友成、向阳、胡国政、赵军、刘政军、张琦、黄胜永、殷江林、胡少桥、朱伟东、李明财、胡忠林。

南京市鼓楼区人民检察院指控被告单位武汉卓航江海贸易有限公司(以下简称卓航公司)、被告人孙友成、向阳、胡国政、黄胜永、殷江林、胡少桥、朱伟东、刘政军、赵军、李明财、张琦、胡忠林犯污染环境罪,向南京市玄武区人民法院提起公诉,同时提起附带民事公益诉讼。

南京市鼓楼区人民检察院指控,卓航公司于2016年9月29日注册成立,以租赁武汉江裕海运公司船舶的方式长期从事国内水上货物运输业务。卓航公司制定《防止船舶造成污染管理须知》,规定了公司及船舶在防止船舶污染方面的具体制度,明确公司机务部、船长、船舶轮机部人员在防止船舶舱底废油水污染方面的具体责任。卓航公司经营的国裕1号船进行定线运输。2017年以来,该船轮机部轮机长为了卓航公司利益,不执行《防止船舶造成污染管理须知》中关于防止船舶污染的规定,多次指使轮机部管轮、机工等人逃避监管,利用输油管连接水泵,将未经处理的舱底废油水偷排至自然水域,并向第三方公司购买接收证明自行填写内容后附在油类记录簿上,以应付海事部门检查。船长明知油水分离器没有使用、第三方船舶接收废油水存在弄虚作假情形,仍然默许、纵容轮机部人员逃避监管,向自然水域偷排舱底含油废水。被告人孙友成作为分管卓航公司机务部的副总经理,对前述情况亦默许、纵容。经鉴定,国裕1号船舱底废油水中含有大量具有环境危害性和人体健康危害性的污染物质,属于"有毒物质"。公诉机关认为,被告单位卓航公司及各被告人违反国家规定,排放有毒物质,严重污染环境,应以污染环境罪追究其刑事责任,提请法院依法判处。

公益诉讼起诉人南京市鼓楼区人民检察院提出诉讼请求:判令被告卓航公司承担本案环境损害赔偿费用人民币23750元、专家评估费用人民币9000元及公告费用人民币700元。事实和理由:被告卓航公司于2016年9月29日注册成立,其经营的国裕1号船在2019年3月8日、2019年1月底2月初、2018年9月底10月初、2017年8月至2018年2月,利用输油管连接水泵,将未经处理的舱底废油水偷排至自然水域。经鉴定,国裕1号船舱底含油废水属于具有环境危害性和人体健康危害性的"有毒物质"。经专家评估,卓航公司将未经处理的舱底废油水偷排至自然水域,造成的生态环境损害费用为人民币10000元至37500元。被告卓航公司违反国家规定,逃避监管向自然水体偷排有毒物质,污染生态环境,损害了社会公共利益。被告卓航公司的行为与损害事实之间具有因果关系,对生态环境构成民事侵权,应当承担侵权责任。

被告单位暨附带民事公益诉讼被告卓航公司对公诉机关指控的事实及罪名不持异议,承认控罪,对附带民事公益诉讼请求没有异议。其辩护人暨委托诉讼代理人提出如下意见:案发后,卓航公司深刻认识到行为造成的危害,采取了系列整改措施,真诚认罪悔罪;卓航公司已向公益诉讼起诉人出具了致歉函,希望法院从轻处罚。

被告人孙友成对公诉机关指控其犯污

染环境罪的事实及定性均不持异议，承认控罪。其辩护人提出如下辩护意见：孙友成具有自首情节，在庭审中如实供述，深刻认识到行为的错误，真诚认罪悔罪，希望法院依法予以从轻、减轻处罚，适用缓刑。

被告人向阳对公诉机关指控其犯污染环境罪的事实及定性均不持异议，承认控罪。其辩护人提出如下辩护意见：向阳没有主观故意，犯罪后自动投案，如实供述犯罪事实，系自首；在侦查阶段积极配合，系初犯、偶犯，当庭认罪认罚，态度较好；同时其家庭情况比较困难。综合以上情节，希望法院对其从轻处罚，适用缓刑。

被告人胡国政对公诉机关指控其犯污染环境罪的事实及定性均不持异议，承认控罪。其辩护人提出如下辩护意见：胡国政归案后真诚认罪悔罪，具有坦白情节，在庭审中如实供述，认罪认罚，其行为对环境的危害并不是很大、主观恶性不大；同时其家庭情况困难，希望法庭综合考虑以上情节，予以从轻处罚。

被告人赵军对公诉机关指控其犯污染环境罪的事实及定性均不持异议，承认控罪。其辩护人提出如下辩护意见：赵军系初犯，归案后主动积极配合公安机关的工作，当庭认罪，悔罪态度较好，其参与的几次排污均系按领导要求所为，仅起到次要作用，社会危害性较低，希望法院对其从轻处罚。

被告人刘政军对公诉机关指控其犯污染环境罪的事实及定性均不持异议，承认控罪。其辩护人提出如下辩护意见：刘政军系受主管人员指示做事，仅仅是拖管、接管，作用较轻，社会危害性较小。希望法院对其从轻处罚。

被告人张琦对公诉机关指控其犯污染环境罪的事实及定性均不持异议，承认控罪。其辩护人提出如下辩护意见：张琦系初犯、偶犯，在案涉船舶上仅担任机工，其根据领导安排做事，对排污的地点、方式不参与任何决策，主观恶性小，发挥作用轻微，社会危害性小，且投案后如实供述，具有自首情节。综上，希望法院对其从轻、减轻处罚。

被告人黄胜永对公诉机关指控其犯污染环境罪的事实及定性均不持异议，承认控罪。其辩护人提出如下辩护意见：黄胜永主动投案构成自首，其前三次未认罪系对长江水域和海域有所误解所致，相关法律及司法解释没有对投案后如实供述时间的规定，黄胜永在一审前能够如实供述犯罪事实，前三次未如实供述不影响自首情节的认定。黄胜永系初犯、偶犯，无前科，为了工作实施偷排行为，主观恶性不大，其父母身体不好，家庭情况困难。本案的社会危害后果相对较小，生态环境损害费用为 10000 元至 37500 元可佐证损害后果较小。综上，请求法院对其从轻处罚，适用缓刑。

被告人殷江林对公诉机关指控其犯污染环境罪的事实及定性均不持异议，承认控罪。其辩护人提出如下辩护意见：殷江林系初犯、偶犯，排污行为并非其本人意愿，其当庭如实供述，认罪悔罪态度好。殷江林于 2018 年 9 月至 10 月实施排污行为，本案鉴定样品提取于 2019 年 3 月，舱底污水和油泥已不一致,殷江林当时所排污水已无法提取。希望法院综合考虑有关证据关联性及其他情节,对其从宽、从轻处罚。

被告人胡少桥对公诉机关指控其犯污染环境罪的事实及定性均不持异议,承认控罪。其辩护人提出如下辩护意见:胡少桥仅在下班时应别人要求将电源接通,犯罪情节轻微,且系初犯、偶犯,具有自首情节,真诚认罪悔罪,希望法院对其免予刑事处罚。

被告人朱伟东对公诉机关指控其犯污染环境罪的事实及定性均不持异议,承认控罪。其辩护人提出如下辩护意见:朱伟东主动归案并如实供述,构成自首,庭前签署了认罪认罚具结书,认罪悔罪态度好,具有适用缓刑的条件,希望法院对其从轻处罚。

被告人李明财对公诉机关指控其犯污染环境罪的事实及定性均不持异议,承认控罪。其辩护人提出如下辩护意见:李明财系初犯、偶犯,归案后认罪认罚,态度积极,具有自首情节,其实施排污行为系从事养家糊口的工作,发挥作用较轻,家庭情况困难。希望法院综合考虑以上情节对其从轻处罚。

被告人胡忠林对公诉机关指控其犯污染环境罪的事实及定性均不持异议,承认控罪。其辩护人提出如下辩护意见:胡忠林系初犯、偶犯,无前科,在共同犯罪中系从犯,发挥作用轻微,投案后经过教育如实供述相关事实,认罪认罚,主观恶性小。希望法院对其从轻处罚。

南京市玄武区人民法院一审经审理查明:

被告单位卓航公司于2016年9月29日注册成立,通过租赁武汉江裕海运公司的船舶从事国内水上货物定线运输业务,其经营的国裕1号船的航次为从南京南钢码头驶至芜湖新港码头,从芜湖新港码头至浙江台州码头,再从浙江台州码头至宁波北仑港,最后回到南京南钢码头。卓航公司制定有《防止船舶造成污染管理须知》,载明防止舱底废油水污染环境的具体举措,规定舱底废油水可以通过油水分离器分离使石油含量不高于15PPM予以排放,也可由有接收资质的第三方船舶接收。该须知还明确规定了公司机务部、船长、船舶轮机部工作人员在防止船舶舱底废油水污染方面的责任,由公司机务部检查指导船舶开展防污染工作,包括管理船舶防污染文书、检查监督船舶油水分离器使用及配件更换、对船舶通过第三方接收处置废油水进行报备审查等事项。

2017年以来,卓航公司经营的国裕1号船轮机部轮机长为了公司利益,不执行《防止船舶造成污染管理须知》有关规定,多次指使轮机部管轮、机工等人逃避监管,利用输油管连接水泵,将未经处理的舱底废油水偷排至驶经的长江及近海水域;以每张500元左右的价格向第三方公司购买接收废油水的证明,自行填写内容后附于油类记录簿上,通过弄虚作假应付海事部门检查。该船船长明知油水分离器没有使用、第三方船舶接收废油水存在弄虚作假的情形,仍然默许、纵容轮机部工作人员逃避监管，多次向自然水域排放未经处理的底舱废油水。

经环境保护部南京环境科学研究所司法鉴定所鉴定，国裕1号船舱底废油水含有大量具有环境危害性和人体健康危害性的污染物质，属于《最高人民法院、最高人民检察院关于办理环境污染刑事案件适用法律若干问题的解释》第十五条第四项规定的“其他具有毒性，可能污染环境的物质”，应当认定为《中华人民共和国刑法》第三百三十八条规定的“有毒物质”。

被告人孙友成分管的卓航公司机务部，常年不采购、更换油水分离器滤芯，不按照《防止船舶造成污染管理须知》要求对船舶使用油水分离器情况进行检查监督，默许、纵容船舶长期不使用油水分离器；对船舶通过第三方接收处置废油水的方式缺少监督，对接收单位资质、接收证明上接收废油水价格明显低于市场价格情形不加审核，对船舶在第三方接收处置废油水方面弄虚作假行为听之任之。为帮助船舶逃避海事部门监管，被告人孙友成于2018年10月指使机务部工作人员杨某1（另案处理）用纯净水替代油水分离器出水口水样，送武汉方基科技有限公司检测，取得油水分离器水样符合要求的检测报告。默许、纵容船舶为了公司利益逃避监管，向自然水域偷排舱底含油废水，严重污染环境。具体犯罪事实分述如下：

1. 2018年4月15日至2019年3月3日，被告人向阳担任国裕1号船船长。在此期间，被告人殷江林担任国裕1号船轮机长时，于2018年9月底至10月初指使被告人赵军、张琦、朱伟东利用输油管连接潜水泵，放进桶内，直接偷排未经处理的舱底废油水；被告人黄胜永担任国裕1号船轮机长时，于2019年1月底至2月初指使被告人张琦、赵军、刘政军用同样的手段偷排舱底废油水。

2. 为防止偷排行为被发现，应付海事部门检查，被告人殷江林、黄胜永等人以每张500元的价格向安徽省芜湖市振泰船务有限责任公司购买接收证明，自行填写内容附在油类记录簿上。被告人向阳明知油水分离器没有使用，没有第三方船舶接收舱底废油水，在发现船上存在偷排设备情况下，仍然默许、纵容轮机部工作人逃避监管，长期利用暗管偷排舱底废油水。

3. 2019年3月8日，被告人胡国政（时任国裕1号船轮机长）指使被告人赵军（时任国裕1号船机工长）偷排舱底废油水。被告人赵军伙同被告人张琦（时任国裕1号船机工）、刘政军（时任国裕1号船三管轮）连接潜水泵和输油管，将潜水泵放在事先钻孔的桶内，再一起放入舱底污油水中，将输油管另一端插入甲板一楼卫生间便坑内。当晚20时许，被告人胡少桥（时任国裕1号船大管轮）接通电源，舱底废油水开始被偷排至外环境。次日凌晨0时后，被告人赵军关掉潜水泵，4时许被告人张琦、刘政军、赵军拆卸排污装置。

4. 2017年8月至2018年2月，被告人胡国政（时任国裕1号船轮机长）指使被告人李明财（时任国裕1号船机工长）、胡忠林（时任国裕1号船机工）使用上述手段偷排舱底废油水。

案发后，公安机关在国裕1号船甲板船舷右边卫生间内查获偷排废油水用的输油管和潜水泵。

2019年3月17日，被告人胡国政、赵军、刘政军被南京市公安局水上分局大厂派出所抓获归案，被告人张琦、胡少桥、黄胜永、殷江林、朱伟东、向阳、李明财、胡忠林、孙友成于2019年3月18日至12月20日至南京市公安局水上分局大厂派出所投案。

南京市玄武区人民法院一审审理认为：

根据《中华人民共和国刑法》第三百三十八条的规定，违反国家规定，排放、倾倒或者处置有放射性的废物、含传染病病原体的废物、有毒物质或者其他有害物质，严重污染环境的，处三年以下有期徒刑或者拘役，并处或者单处罚金；情节严重的，处三年以上七年以下有期徒刑，并处罚金。根据《最高人民法院、最高人民检察院关于办理环境污染刑事案件适用法律若干问题的解释》第一条的规定，通过暗管、渗井、渗坑、裂隙、溶洞、灌注等逃避监管的方式排放、倾倒、处置有放射性的废物、含传染病病原体的废物、有毒物质的，应当认定为“严重污染环境”。

卓航公司虽制定了舱底废油水等污染环境的防治措施，但相关措施在实际运行中流于形式，用于防治污染的油水分离器不能正常使用，弄虚作假获取油水分离器水样合格的检测报告、低价购置废油水接受证明逃避监管。案涉污染环境行为系为了卓航公司的单位利益，在公司分管副总经理孙友成默许、纵容下，由国裕1号船船长向阳、国裕1号船轮机长、机工等多人参与下共同实施将未经处理的舱底废油水偷排至驶经的长江及近海水域，应当认定为单位犯罪。被告单位卓航公司违反国家规定，排放有毒物质，严重污染环境，其行为构成污染环境罪；被告人孙友成系该公司单位犯罪中直接负责的主管人员，被告人向阳、胡国政、赵军、刘政军、张琦、黄胜永、殷江林、胡少桥、朱伟东、李明财、胡忠林系单位犯罪中的其他直接责任人员，应当以污染环境罪对其定罪处罚。南京市鼓楼区人民检察院指控事实清楚，证据确实、充分，指控罪名成立，予以支持。被告人赵军、胡忠林对其具体实施的犯罪行为承担责任，并非起次要、辅助作用，不应认定为从犯，有关辩护意见不予采纳。被告人胡国政、赵军、刘政军具有坦白情节，依法可以从轻处罚；被告人孙友成、张琦、胡少桥、殷江林、朱伟东、向阳、李明财、胡忠林主动到公安机关投案，并能如实供述犯罪事实，应当认定为自首，依法可以从轻处罚；各被告人认罪认罚，依法可以从宽处理；有关辩护意见予以采纳。被告人黄胜永虽系主动投案，但到案后初期并未如实供述犯罪事实，不应认定为自首，其在之后如实供述犯罪事实，可以认定为坦白，依法可以从轻处罚。

被告人向阳作为国裕1号船船长，负有监督管理全船事务的职责，其明知禁止排污的有关规定而违反职责，默许、纵容舱底废油水多次偷排至外环境，在共同犯罪中起主要作用，结合本案犯罪情节，不宜对其宣告缓刑；被告人胡少桥亦不符合免刑条件；有关辩护意见不予采纳。

附带民事公益诉讼被告卓航公司的污染环境行为，依法应承担生态环境损害赔偿责任。经专家评估，卓航公司将未经处理的舱底废油水偷排至自然水域，造成的生态环境损害费用为人民币10000元至37500元。公益诉讼起诉人南京市鼓楼区人民检察院取其中间值提出的生态环境损害赔偿费用，具有法律和事实依据，卓航公司亦不持异议，法院予以支持。公益诉讼起诉人主张的专家评估费及公告费，属于为诉讼支出的合理费用，法院亦予以支持。

综上，南京市玄武区人民法院于2020年7月16日作出(2020)苏0102刑初24号刑事附带民事判决：

一、被告单位武汉卓航江海贸易有限公司犯污染环境罪，判处罚金人民币4万元。被告人孙友成犯污染环境罪，判处有期徒刑一年六个月，缓刑二年，并处罚金人民币3万元。被告人向阳犯污染环境罪，判处有期徒刑一年六个月，并处罚金人民币3万元。被告人胡国政犯污染环境罪，判处有期徒刑一年五个月，并处罚金人民币2万元。被告人赵军犯污染环境罪，判处有期徒刑一年五个月，并处罚金人民币2万元。被告人刘政军犯污染环境罪，判处有期徒刑一年四个月，并处罚金人民币2万元。被告人张琦犯污染环境罪，判处有期徒刑一年四个月，并处罚金人民币2万元。被告人黄胜永犯污染环境罪，判处有期徒刑十个月，缓刑一年，并处罚金人民币1万元。被告人殷江林犯污染环境罪，判处有期徒刑十个月，缓刑一年，并处罚金人民币1万元。被告人胡少桥犯污染环境罪，判处有期徒刑十个月，缓刑一年，并处罚金人民币1万元。被告人朱伟东犯污染环境罪，判处有期徒刑十个月，缓刑一年，并处罚金人民币1万元。被告人李明财犯污染环境罪，判处有期徒刑八个月，缓刑一年，并处罚金人民币1万元。被告人胡忠林犯污染环境罪，判处有期徒刑八个月，缓刑一年，并处罚金人民币1万元。

二、禁止被告人孙友成、黄胜永、殷江林、胡少桥、朱伟东、李明财、胡忠林在缓刑考验期内从事与排污或者处置危险废物有关的经营活动。

三、附带民事公益诉讼被告武汉卓航江海贸易有限公司于判决生效之日起十日内赔偿环境损害赔偿费用人民币23750元、专家评估费用人民币9000元及公告费用人民币700元，合计人民币33450元。

一审宣判后，被告人向阳不服，向南京市中级人民法院提出上诉。

上诉理由及辩护人的辩护意见为：对原判定罪无异议，但认为在共同犯罪中上诉人的作用和地位不突出，犯罪情节总体较轻，并具有自首、认罪认罚等多项从轻、减轻处罚情节，且上诉人患病在身，亲属也急需照料。原判量刑过重，请求二审依法对上诉人改判适用缓刑。

二审查明的事实和证据与一审法院查明的事实和证据一致。二审期间，上诉人未提供新的证据，亦未提供新的影响量刑的事实和情节。

南京市中级人民法院二审审理认为，卓航公司制定的防止船舶污染管理制度流于形式，执行不力，对船舱底废油水等污染物监控、处置措施虚置，甚至弄虚作假，逃避监管，默许、纵容所属船舶将舱底废油水这一有毒物质排至长江及近海水域，严重污染环境，其行为已构成污染环境罪。一审以污染环境罪对卓航公司定罪处罚并追究上诉人向阳、原审被告人孙友成、胡国政等直接负责的主管人员、其他直接责任人员的刑事责任符合法律规定。

针对上诉人的上诉理由以及辩护人的辩护意见，法院综合评判如下：

一、关于上诉人在涉案犯罪活动中的作用和地位问题。经查，上诉人向阳系卓航公司所属的国裕 1 号船的船长，直接承担全船事务的管理职责，理应知道包括防治船舶污染各项管理规定，具有制止违法排污行为的直接义务，但其视职责于不顾，多次默许、纵容舱底废油水被偷排入长江及近海水域，造成严重污染，其虽不是具体实施者，但对污染后果的产生起到了至关重要且必不可少的推动作用，在涉案污染环境犯罪中的地位较其他人更为突出。一判认定上诉人在共同犯罪中起主要作用是恰当的。

二、关于原判对上诉人量刑是否适当以及应否适用缓刑的问题。经查，根据《中华人民共和国刑法》第三百三十八条的规定，构成污染环境罪，处三年以下有期徒刑或者拘役，并处或者单处罚金；后果特别严重的，处三年以上七年以下有期徒刑，并处罚金。本案系因船舶违法排污引发的犯罪案件，上诉人作为船舶直接管理者，多次怠于履行监管职责，导致严重污染环境后果发生，对长江及近海水域生态环境造成损害，犯罪情节较为恶劣，应予严惩。一审法院根据犯罪情节和社会危害性，在充分考虑自首、认罪认罚等从宽情节基础上，判处上诉人有期徒刑一年六个月，并处罚金人民币 3 万元，并不予适用缓刑，量刑并无不当。

综上，一审法院认定卓航公司污染环境的事实清楚，证据确实、充分，审判程序合法，定罪准确，量刑适当。上诉人的上诉理由及辩护意见不能成立，对其上诉请求不予支持。南京市中级人民法院依照《中华人民共和国刑事诉讼法》第二百三十六条第一款第一项之规定，于 2020 年 12 月 23 日作出（2020）苏 01 刑终 575 号刑事附带民事裁定：

驳回上诉，维持原判。

案例报送单位：南京市玄武区人民法院
一审合议庭成员：高　伟、李　伟、安洪强、胡天翔、张苏莉、贺　俊、钮玉霞
二审合议庭成员：姜　立、刘尚雷、于元祝
报送人：高　伟、党　权
审稿人：卢燊绅

斯万斯克蜂蜜加工公司申请承认和执行外国仲裁裁决案

（2022）参阅案例20号

【裁判摘要】

仲裁协议仅约定通过快速仲裁解决争议，未明确约定仲裁机构的，由临时仲裁庭作出裁决，不属于《承认及执行外国仲裁裁决公约》第五条第一款规定的情形，被申请人以采用临时仲裁不符合仲裁协议约定为由，主张不予承认和执行该临时仲裁裁决的，人民法院不予支持。

【相关法条】

1.《中华人民共和国民事诉讼法》（2017年修正）第二百八十三条　国外仲裁机构的裁决，需要中华人民共和国人民法院承认和执行的，应当由当事人直接向被执行人住所地或者其财产所在地的中级人民法院申请，人民法院应当依照中华人民共和国缔结或者参加的国际条约，或者按照互惠原则办理。

2.《最高人民法院关于适用〈中华人民共和国民事诉讼法〉的解释》（2015年）第五百四十五条　对临时仲裁庭在中华人民共和国领域外作出的仲裁裁决，一方当事人向人民法院申请承认和执行的，人民法院应当依照民事诉讼法第二百八十三条规定处理。

3.《承认及执行外国仲裁裁决公约》第五条　一、裁决唯有于受裁决援用之一造向声请承认及执行地之主管机关提具证据证明有下列情形之一时，始得依该造之请求，拒予承认及执行：

（甲）第二条所称协定之当事人依对其适用之法律有某种无行为能力情形者，或该项协定依当事人作为协定准据之法律系属无效，或未指明以何法律为准时，依裁决地所在国法律系属无效者；

（乙）受裁决援用之一造未接获关于指派仲裁员或仲裁程序之适当通知，或

因他故,致未能申辩者;

(丙)裁决所处理之争议非为交付仲裁之标的或不在其条款之列,或裁决载有关于交付仲裁范围以外事项之决定者,但交付仲裁事项之决定可与未交付仲裁之事项划分时,裁决中关于交付仲裁事项之决定部分得予承认及执行;

(丁)仲裁机关之组成或仲裁程序与各造间之协议不符,或无协议而与仲裁地所在国法律不符者;

(戊)裁决对各造尚无拘束力,或业经裁决地所在国或裁决所依据法律之国家之主管机关撤销或停止执行者。

二、倘声请承认及执行地所在国之主管机关认定有下列情形之一,亦得拒不承认及执行仲裁裁决:

(甲)依该国法律,争议事项系不能以仲裁解决者;

(乙)承认或执行裁决有违该国公共政策者。

【点评】

在允许临时仲裁的国家或者地区,快速仲裁并非仅限于机构仲裁,在双方当事人没有明确约定排除的情况下,快速仲裁也可适用于临时仲裁。我国加入《承认及执行外国仲裁裁决公约》后,外国的临时仲裁裁决可以在我国得到承认和执行。而我国现行的仲裁法仅规定了机构仲裁,没有规定临时仲裁。实践中,对于"临时仲裁""快速仲裁"等存在模糊认识,在涉外仲裁司法审查案件中经常产生争议。本案双方对在瑞典通过快速仲裁解决争端并无异议,争议的实质在于是否应当在瑞典通过临时仲裁庭处理。法院经审查认为,案涉快速仲裁并未排除通过临时仲裁的方式解决,由临时仲裁庭作出裁决,符合双方当事人合意,案涉裁决应当予以承认和执行。本案有助于厘清"临时仲裁""快速仲裁"等法律概念,推动完善我国涉外仲裁制度,对于准确理解和适用《承认及执行外国仲裁裁决公约》,打造仲裁友好型法治环境具有积极示范意义。

申请人:斯万斯克蜂蜜加工公司(Svensk Honungsforadling AB),住所地瑞典王国延雪平市弗里斯大街6号(Frysvagen6,SE－55652Jonkoping,Sweden)。

被申请人:南京常力蜂业有限公司,住所地中华人民共和国江苏省南京市溧水区白马镇食品园大道7号。

申请人斯万斯克蜂蜜加工公司(以下

简称斯万斯克公司）申请承认和执行由PeterThorp、SureLarsson 和 NilsEliasson 组成的临时仲裁庭于2018年6月9日作出的仲裁裁决一案，南京市中级人民法院于2018年11月22日立案受理，现已审查终结。

斯万斯克公司申请称，2013年5月17日，斯万斯克公司与南京常力蜂业有限公司（以下简称常力蜂业公司）订立了编号为NJRS13001的《合同》，该合同约定由斯万斯克公司向常力蜂业公司采购蜂蜜，如发生任何争议，应适用瑞典法，并且在瑞典通过快速仲裁解决。因合同履行过程中发生争议，斯万斯克公司于2016年3月22日依据上述仲裁条款启动仲裁程序，并指定SureLarsson为仲裁员。2016年9月29日，斯德哥尔摩地方法院指定NilsEiasson为第二名仲裁员。2016年10月7日，SureLarsson 和 NilsEliasson 共同指定 PeterThorp 为首席仲裁员。常力蜂业公司在2018年3月5日和3月6日的仲裁庭审中当庭确认对 PeterThorp、SureLarsoon 和 NilsEliasson 组成的临时仲裁庭的管辖权不持异议。2018年6月9日，临时仲裁庭于瑞典斯德哥尔摩作出仲裁裁决，该仲裁裁决业已生效。依据《最高人民法院关于适用〈中华人民共和国民事诉讼法〉的解释》第五百四十五条的规定，对临时仲裁庭在中华人民共和国领域外作出的仲裁裁决，一方当事人向人民法院申请承认和执行的，人民法院应当依照《中华人民共和国民事诉讼法》第二百八十三条规定处理。《中华人民共和国民事诉讼法》第二百八十三条规定，国外仲裁机构的裁决，需要中华人民共和国人民法院承认和执行的，应当由当事人直接向被执行人住所地或者其财产所在地的中级人民法院申请，人民法院应当依照中华人民共和国缔结或者参加的国际条约，或者按照互惠原则办理。鉴于中国和瑞典均为《承认和执行外国仲裁裁决公约》（以下简称《1958年纽约公约》）的成员国，且常力蜂业公司住所地为江苏省南京市，依据《中华人民共和国民事诉讼法》第二百八十三条、《最高人民法院关于适用〈中华人民共和国民事诉讼法〉的解释》第五百四十五条，以及《1958年纽约公约》第三条的规定，应予承认和执行上述仲裁裁决。

常力蜂业公司陈述意见称：（1）仲裁程序与双方合同约定的仲裁条款不符，临时仲裁不等同于快速仲裁。双方签订的NJRS13001《合同》约定条款“in case of disputes governed by Swedish law and that disputes should be settled by Expedited Arbitration in Sweden”中文意思为“瑞典法律管辖下的争议，在瑞典进行快速仲裁解决，而非临时仲裁”。快速仲裁是一些争议解决机构制定的快速解决规则，争议解决流程程序更简单，但是临时仲裁绝不等同于快速仲裁，《瑞典仲裁法案》中临时仲裁并非快速仲裁的概念。故双方协议中没有明确约定采取临时仲裁，只是说采取快速仲裁的规则。双方只是有意向采取快速仲裁的规则,没有约定由哪个机构或在哪个规则下的快速仲裁,不能因为被斯德哥尔摩商会仲裁院驳回,就一定采取临时仲裁的方式解决,SCC仲裁与临时仲裁并不是非此即彼的关系。退一步讲,即使可能采取临时仲裁的方式,肯定不是简单地适用《瑞典仲裁法案》仲裁程序的规定,也要适用瑞典其他机构的快速仲裁规则。国际商会仲裁院、香港国际仲裁中心、新加坡国际仲裁中心、中国国际经济贸易仲裁委员会等国际仲裁机构均有快速仲裁,本案案涉国际因素,极有可能是适用某一仲裁机构的快速规则,只是仲裁地发生在瑞典,但一定不是简单地选择在瑞典进行临时仲裁。双方只签署了英文版的《合同》,常力蜂业公司的法定代表人赵某不懂英文,且国内没有临时仲裁的概念。假设订立合同时双方有临时仲裁的意向,且关于仲裁的约定是斯万斯克公司后加上去的,斯万斯克公司作为瑞典企业,更为精通瑞典的法律法规,因合同约定不明导致的责任应由其承担后果。(2)临时仲裁裁决超出了双方当事人的仲裁约定范围,裁决应适用欧洲法规。本案的争议焦点是蜂蜜的质量问题,根据《合同》的约定,参数需符合欧洲法规,特别是2001年12月20日颁布的第2001/110/EC欧盟指令。即使这些指令被瑞典采纳,仍然适用的是欧洲标准。本案应适用欧洲法律,故争议不应在瑞典进行仲裁,裁决适用瑞典法而非欧洲法规,属于适用法律错误。(3)临时仲裁庭无管辖权且程序错误。虽然仲裁裁决书载明:常力蜂业公司的代理律师对于仲裁庭的管辖权,不再持有异议。但常力蜂业公司从未放弃过管辖权,也从未授权代理律师放弃管辖权。常力蜂业公司法定代表人赵某于2016年10月31日和2016年11月18日两次邮件反对临时仲裁的管辖权,并在2017年5月10日委托律师时,对管辖权提出异议,所以代理律师MagnussonaAdvokatbyra于2017年5月12日向仲裁庭递交文件反对管辖权。常力蜂业公司给代理人的授权委托书中也未明确授权其放弃管辖权。常力蜂业公司的律师JohanMolin无权代表常力蜂业公司接受临时仲裁的管辖,根据常力蜂业公司给JohanMolin的授权委托书,不包括接受仲裁请求等权利。退一步讲,即使仲裁程序简单地按照《瑞典仲裁法》进行,常力蜂业公司未收到关于指派仲裁员以及仲裁程序的通知。首席仲裁员PeterThorp从2016年10月26日开始频繁向常力蜂业公司法定代表人发送电子邮件,可知斯万斯克公司明知法定代表人邮箱地址,而故意不发邮件,其有意隐瞒送达信息、操纵仲裁程序。根据《瑞典仲裁法》第十四条的规定,常力蜂业公司在收到选择仲裁员的通知后30日内选定仲裁员,而常力蜂业公司并未收到过斯万斯克公司的申请,无法得知选定仲裁员的时间。另根据《瑞典仲裁法》第八条、第十条的规定,仲裁员应中立,如有回避的情形,需在仲裁员被任命的15日内提出,常力蜂业公司无从得知三名仲裁员的身份信息、专业介绍及简历,故常力蜂业公司丧失了申请回避的权利。综上,临时仲裁程序与双方签订的协议不符,仲裁员超出双方仲裁意向范围进行裁决,常力蜂业公司未接到指派仲裁员和仲裁程序的通知,符合《1958年纽约公约》第五条乙、丙、丁项关于不予承认和执行的规定,故应当驳回斯万斯克公司的申请。

南京市中级人民法院经审查查明:

(一)双方签订《合同》的情况。2013年5月17日,买方斯万斯克公司与卖方常力蜂业公司通过电子邮件签订了编号为NJRS13001的英文版蜂蜜销售《合同》,该合同约定争议解决条款为"in case of disputes governed by Swedish law and that disputes should be settled by Expedited Arbitration in Sweden"。另《合同》约定了相应的质量标准:蜂蜜其他参数符合欧洲(2001/112/EC,2001年12月20日),无美国污仔病、微粒子虫、瓦螨病等。

(二)申请仲裁及仲裁情况。(1)2015年2月23日,斯万斯克公司以常力蜂业公司为被申请人就案涉《合同》向瑞典斯德哥尔摩商会仲裁院申请仲裁,该仲裁院于2015年12月18日以其无管辖权为由作出SCCF2015/023仲裁裁决,驳回了斯万斯克公司的申请。(2)2016年3月22日,斯万斯克公司再次以常力蜂业公司为被申请人就案涉《合同》在瑞典申请临时仲裁。临时仲裁庭由首席仲裁员PeterThorp(StureLarsson、NilsEliasson共同指定),其他两名仲裁员StureLarsson(斯万斯克公司指定)和NilsEliasson(斯德哥尔摩地方法院任命)组成。2016年4月16日,常力蜂业公司法定代表人赵某签收了斯万斯克公司委托的上海肖波律师事务所向其邮寄的仲裁申请书。2016年4月20日,上海肖波律师事务所又向常力蜂业公司法定代表人赵某发送了仲裁通知书。2016年6月2日、2016年8月4日,斯德哥尔摩地方法院向常力蜂业公司邮寄书面通知,要求其对指派第二名仲裁员最迟于2016年8月25日提交书面意见,但未收到常力蜂业公司的任何回复。2016年9月29日,斯德哥尔摩地方法院任命NilsEliasson为第二名仲裁员。2016年10月26日,首席仲裁员PeterThorp向常力蜂业公司法定代表人赵某发送电子邮件,明确告知案涉仲裁庭组成,要求赵某于2016年10月31日前通过电子邮件就相关事宜进行回复。2016年10月31日、2016年11月18日,临时仲裁庭分别收到常力蜂业公司的电子邮件,称《合同》中无合意仲裁的约定,不适用瑞典法。截至2017年5月4日,临时仲裁庭除了收到2016年10月31日、2016年11月18日两份邮件外,未收到其他任何意见。临时仲裁庭要求双方于2017年5月15日前提交有关陈词、支付法律费用等。2017年5月12日,临时仲裁庭收到常力蜂业公司代理律所提交的文件,该文件明确反对仲裁庭的管辖权，并请求延长提交答辩意见时间。2017 年 5 月 6 日，临时仲裁庭修订了时间表，要求常力蜂业公司于 2017 年 6 月 16 日前提交答辩意见，于 2017 年 7 月 21 日前提交第二轮答辩意见。常力蜂业公司分别于 2017 年 6 月 16 日、2017 年 7 月 26 日提交了答辩意见，并于 2017 年 10 月 23 日提交了补充陈词。2018 年 2 月 28 日，双方各自提交了庭前陈述。

2018 年 3 月 5 日、6 日，由 PeterThorp、StureLarsson 和 NilsEliasson 组成的临时仲裁庭，组织双方进行了听证，常力蜂业公司的委托代理人约翰·莫林(JohanMolin)、马库斯·奥尔森(Marcusolsson)、刘律师(RachelLiu)、SimonMellin、GraceSun 及常力蜂业公司的法定代表人赵某等参加了听证。听证过程中常力蜂业公司的代理人对仲裁庭的管辖权不再持异议，赵某也未提出相应异议。该临时仲裁庭于 2018 年 6 月 9 日依据《瑞典仲裁法案》作出仲裁裁决：(1)常力蜂业公司违反《合同》约定，尤其是《合同》有关保证第二批和第三批蜂蜜在交付斯万斯克公司后的 12 个月内不会发生结晶的质保条款；(2)常力蜂业公司应向斯万斯克公司支付 286230 美元，作为常力蜂业公司因向斯万斯克公司交付不符合质保条款的蜂蜜而以减少价款的形式所作的赔偿；(3)常力蜂业公司应按照《瑞典利息法》第 2 条和第 5 条的规定，以 143115 美元为基数，向斯万斯克公司支付自 2013 年 10 月 31 日起至 2015 年 3 月 24 日止的利息，并以 143115 美元为基数，向斯万斯克公司支付自 2014 年 1 月 21 日起至 2015 年 3 月 24 日止的利息。常力蜂业公司还应按照《瑞典利息法》第 4 条和第 6 条的规定，以 286230 美元为基数向斯万斯克公司支付自 2015 年 3 月 25 日起至实际支付之日止的利息；(4)常力蜂业公司应向斯万斯克公司赔偿 781614 瑞典克朗，相当于斯万斯克公司合理的法律费用支出的 50%；(5)常力蜂业公司应向斯万斯克公司支付 1021718.45 港元，相当于仲裁费用的 75%；(6)常力蜂业公司应按照《瑞典利息法》第 6 条的规定，以上述第(4)项和第(5)项裁决金额为基数，向斯万斯克公司支付自仲裁裁决作出之日起至实际支付之日止的利息；(7)如因支付上述款项而发生任何其他费用的(包括银行手续费)，常力蜂业公司应就该等费用另行补偿斯万斯克公司；(8)驳回所有其他请求和索赔。

(三)其他情况。2017 年 5 月 10 日，常力蜂业公司向律师约翰·莫林(JohanMolin)、艾娃·克罗克兹(EwaKrokosz)、马库斯·奥尔森(Marcusolsson)、刘律师(RachelLiu)出具授权委托书，载明：其他受律师委托在法庭、其他政府机关及其他机构以及仲裁程序中针对斯万斯克公司实施和采取行动之第三人；因该诉讼受到影响的任何其他人员；以及在诉讼中代表我方利益的其他人员；本授权书所授予之权利不包括以上接受终止通知、传票或仲裁请求等权利。

《瑞典仲裁法案》第十四条第一款规定，双方各自选定仲裁员的，其中一方根据第十九条规定在仲裁申请书中告知对方自己选择的仲裁员，对方有义务在收到通知后的30日内书面通知第一方自己选择的仲裁员。如果对方未在规定的时间内选定仲裁员，地方法院应第一方申请指定仲裁员。但是，根据《瑞典仲裁法案》第四十四条第一款的规定，另一方可以在地方法院作出决定之前，就对方的申请提出其自己的意见。《瑞典仲裁法案》第四十四条第一款规定，在指定仲裁员的案件中，如果有可能，应给予另一方在申请获得批准之前发表意见的机会。但并不要求被申请人必须提交意见，法院可以径行作出决定。

南京市中级人民法院审查期间，双方均认为应当按照瑞典法律理解《合同》中的仲裁条款。斯万斯克公司认为争议解决条款“in case of disputes governed by Swedish law and that disputes should be settled by Expedited Arbitration in Sweden”。中文意思为“如发生任何争议，应适用瑞典法律并在瑞典通过快速仲裁解决”。而常力蜂业公司则认为上述条款的中文意思为“为瑞典法律管辖下的争议在瑞典进行快速仲裁解决”。

南京市中级人民法院经审查认为，本案系申请承认和执行外国仲裁裁决案件，由于本案所涉仲裁裁决系在瑞典斯德哥尔摩进行的临时仲裁，而非机构仲裁。依照《最高人民法院关于适用〈中华人民共和国民事诉讼法〉的解释》第五百四十五条之规定，对临时仲裁庭在中华人民共和国领域外作出的仲裁裁决，一方当事人向人民法院申请承认和执行的，人民法院应当依照《中华人民共和国民事诉讼法》第二百八十三条规定处理。依照《中华人民共和国民事诉讼法》第二百八十三条的规定，国外仲裁机构的裁决，需要中华人民共和国人民法院承认和执行的，应当由当事人直接向被执行人住所地或者其财产所在地的中级人民法院申请，人民法院应当依照中华人民共和国缔结或者参加的国际条约，或者按照互惠原则办理。因本案被执行人常力蜂业公司的住所地在南京市，故南京市中级人民法院依法享有管辖权。

依照《最高人民法院关于执行我国加入的〈承认及执行外国仲裁裁决公约〉的通知》第二条的规定，根据我国加入《1958年纽约公约》时所作的商事保留声明，我国仅对按照我国法律属于契约性和非契约性商事法律关系所引起的争议适用《1958年纽约公约》。因本案系由买卖合同而产生的经济上的权利义务纠纷，且中国与瑞典均系《1958年纽约公约》成员国，故本案应适用《1958年纽约公约》并依照该公约的规定进行审查。

因斯万斯克公司提交的案涉仲裁裁决书、《合同》等已办理公证认证手续并提供了中文译本，形式上符合《1958年纽约公约》第四条的规定,故本院依法予以审查。根据《最高人民法院关于执行我国加入的〈承认及执行外国仲裁裁决公约〉的通知》第四条的规定,我国有管辖权的人民法院接到一方当事人的申请后,应对申请承认及执行的仲裁裁决进行审查,如果认为不具有《1958 年纽约公约》第五条第一、二项两项所列的情形,应当裁定承认其效力,并且依照《中华人民共和国民事诉讼法》规定的程序执行;如果认定具有第五条第二项所列的情形之一的,或者根据被执行人提供的证据证明具有第五条第一项所列的情形之一的,应当裁定驳回申请,拒绝承认及执行。《1958 年纽约公约》第五条对不予承认和执行外国仲裁裁决的情形作了列举性规定,以排除的方式规定了不予承认和执行外国仲裁裁决的案件,根据被申请人提供的证据证明有下列情形之一的,可拒绝承认和执行:(1)仲裁协议无效;(2)未给予适当通知或未能提出申辩;(3)仲裁庭超越权限;(4)仲裁庭的组成和仲裁程序不当;(5)裁决不具有约束力或已被撤销、停止执行。如有下列情形的,人民法院可以主动审查并拒绝承认和执行:(1)依该国法律,裁决的事项属于不可裁决事项;(2)承认或执行裁决违反该国公共政策。故关于涉案裁决是否存在不予承认和执行的情形,应当据此展开审查。本案中,被申请人常力蜂业公司不予承认和执行的主要理由为:(1)仲裁程序与双方所签订合同约定的仲裁条款不符,仲裁裁决超出了双方当事人的仲裁约定范围;(2)仲裁裁决应适用欧洲法规;(3)仲裁庭无管辖权且程序错误。该仲裁裁决符合《1958 年纽约公约》第五条第一款乙、丙、丁项的规定,应不予承认和执行。

针对常力蜂业公司的上述理由,南京市中级人民法院评判如下:

1. 关于仲裁裁决是否超出双方当事人约定仲裁范围的问题。该项争议系双方对《合同》约定的争议解决条款“in case of disputes governed by Swedish law and that disputes should be settled by Expedited Arbitration in Sweden”的理解问题。从双方对该条款中文意思的表述来看,双方对该条款的理解并无实质差异。双方实质的争议在于,常力蜂业公司认为双方发生争议不应当在瑞典通过临时仲裁庭处理,而应当通过其他仲裁机构快速处理。而斯万斯克公司则认为,其此前已经向瑞典斯德哥尔摩商会仲裁院按照快速仲裁申请了仲裁,该申请已经被斯德哥尔摩商会仲裁院以其无管辖权为由驳回,现其向瑞典临时仲裁庭申请仲裁符合双方的约定。对此,法院认为,双方对在瑞典通过快速仲裁解决争端并无异议,仅对快速仲裁是否可以通过临时仲裁发生争议。快速仲裁相对于普通仲裁而言,更加高效、便捷、经济,其核心在于简化了仲裁程序、缩短了仲裁时间、降低了仲裁费用等,从而使当事人的争议以较为高效和经济的方式得到解决。而临时仲裁庭相对于常设的仲裁机构而言,也具有高效、便捷、经济的特点。具体到本案，因双方已经明示同意争议通过快速仲裁的方式解决，且案涉争议标的数额不大，该快速仲裁并未排除通过临时仲裁的方式解决。此前，斯万斯克公司向瑞典斯德哥尔摩商会仲裁院申请仲裁，该仲裁院以其无管辖权为由驳回了斯万斯克公司的申请。常力蜂业公司在该仲裁中，明确表达其辩称意见："很显然，双方当事人就在瑞典进行快速/加快的仲裁程序达成一致，但不适用SCC仲裁规则""仲裁条款可以指临时仲裁或瑞典西部规则或瑞典南部规则下的快速仲裁规则"。由此可以反映出，常力蜂业公司当时对以临时仲裁处理的方式并不持异议，且在本案中又不能明确、具体指出由哪一家仲裁机构处理，适用何种仲裁规则，在此情形下，案涉仲裁由临时仲裁庭作出裁决，符合双方当事人的合意。故法院认定案涉争议通过临时仲裁庭处理，并未超出双方的约定范围。

2. 关于仲裁裁决适用法律的问题。常力蜂业公司提出仲裁裁决应适用欧洲法规的理由是，《合同》约定蜂蜜的参数应符合欧洲2001年12月20日颁布的第2001/110/EC欧盟指令，故仲裁裁决应当适用欧洲法规。但从该《合同》就蜂蜜质量的要求可以看出，《合同》载明的（2001/112/EC，2001年12月20日）实质系对蜂蜜质量的标准要求，并非解决争议的法律适用标准。且在《合同》的争议解决条款"in case of disputes governed by Swedish law and that disputes should be settled by Expedited Arbitration in Sweden"已经明确了争议应适用瑞典法律。故临时仲裁庭适用瑞典法律正确。

3. 关于仲裁庭是否有管辖权及程序错误的问题。常力蜂业公司认为仲裁程序错误的主要理由为：其代理律师无权放弃对管辖的异议，其在仲裁庭审前多次提出过管辖异议；指派仲裁员程序违法，其丧失了申请仲裁员回避的权利。对此，法院认为，依据已经查明的事实，即使常力蜂业公司的代理律师无权放弃管辖异议，但在临时仲裁庭审理中，常力蜂业公司的法定代表人赵某并未就仲裁管辖权提出任何异议，故应当认定常力蜂业公司对临时仲裁庭的管辖并不持异议。关于指派仲裁员的问题。无论是斯德哥尔摩地方法院于2016年6月2日、2016年8月4日向常力蜂业公司邮寄的关于指派第二名仲裁员书面通知，还是首席仲裁员PeterThorp于2016年10月26日向常力蜂业公司法定代表人赵某发送的邮件均告知了常力蜂业公司有权就仲裁员指派或其他事项提出异议，但常力蜂业公司在此后的邮件中并未针对仲裁员的指派提出异议。故依据《瑞典仲裁法案》第十四条第一款的规定，在常力蜂业公司未按时指派仲裁员并未提出异议的情形下，当地法院依据斯万斯克公司的申请指定NilsEliasson作为常力蜂业公司的指派仲裁员，符合规定。且在2018年3月5日、6日仲裁听证中常力蜂业公司的代理律师及法定代表人赵某均未就仲裁员的组成或程序提出任何异议。故本院对常力蜂业公司关于指派仲裁员或仲裁程序违法的意见,不予采纳。

综上所述,除非常力蜂业公司提出仲裁裁决存在仲裁协议的效力、仲裁员的任命或仲裁程序的通知、裁决事项超裁、仲裁庭的组成及仲裁程序存在瑕疵并提交充分的证据的情况下,以及经我国人民法院主动审查后认为裁决事项不具有可仲裁性或存在违反我国公共秩序的情形的,才应当作出不予承认和执行的裁决。但依据法院的查明及认定的事实,由 PeterThorp、StureLarsson 和 NilsEliasson 组成的临时仲裁庭作出的案涉仲裁裁决不具有《1958 纽约公约》第五条第一款乙、丙、丁项规定的不予承认和执行的情形,也不违反我国加入该公约时所作出的保留性声明条款,或违反我国公共政策或争议事项不能以仲裁解决的情形,故对该裁决应当予以承认和执行。依照《承认和执行外国仲裁裁决公约》第五条,《中华人民共和国民事诉讼法》第一百五十四条第一款第十一项、第二百八十三条规定,南京市中级人民法院于 2019 年 7 月 15 日作出(2018)苏 01 协外认 8 号民事裁定:

承认和执行由 PeterThorp、StureLarsson 和 NilsEliasson 组成的临时仲裁庭于 2018 年 6 月 9 日针对斯万斯克蜂蜜加工公司与南京常力蜂业有限公司关于 NJRS13001《合同》作出的仲裁裁决。

案例报送单位:南京市中级人民法院
一审合议庭成员:姜　欣、蔡晓文、吴　勇
报送人:蔡晓文、王　佺
审稿人:卢燊绅

中国太平洋财产保险股份有限公司无锡分公司与钱伟财产损失保险合同纠纷案

【编者按】

现实生活中，为降低货运成本，投保人将普通客车违规改装用于载货的现象十分常见。如投保客车在载货运输途中发生保险事故，保险人能否依照《中华人民共和国保险法》第五十二条主张法定免赔，在实践中争议较大，主要涉及保险标的危险程度显著增加如何认定问题。本案判决认为，投保的客车长期为营利性用途而违规载货，应推定为使保险标的危险程度显著增加情形，投保人应当及时通知保险人，否则因此发生保险事故的，保险人无须承担赔偿或给付保险金的责任。本案裁判文书从法律、行政法规对客车载货作严格规制的应然性角度、违规载货与事故发生因果关系的实然性角度出发，论证了私自改变车辆用途对行车及公共安全的危害，并通过对载货需求的正当性、合理性分析，从使用目的、时间跨度、载货强度等诸多因素区分认定危险程度是否显著增加，进而确定保险人主张法定免赔是否成立。裁判文书说理清晰，层次分明，论证充分，获评2020年度江苏省法院“百篇优秀裁判文书”一等奖。

江苏省无锡市中级人民法院
民事判决书

（2020）苏02民终1183号

上诉人（原审被告）：中国太平洋财产保险股份有限公司无锡分公司，住所地无锡市崇宁路8号、16号704－707室。

负责人：范帆，该分公司总经理。

委托诉讼代理人：曹芸芸，江苏鼎助律师事务所律师。

被上诉人（原审原告）：钱伟，男，1975年×月×日生，汉族，住无锡市锡山区。

委托诉讼代理人：虞骁扬，无锡市锡山区锡州法律服务所法律工作者。

上诉人中国太平洋财产保险股份有限公司无锡分公司（以下简称太保公司）因与被上诉人钱伟财产损失保险合同纠纷一案，不服无锡市新吴区人民法院（2019）苏0214民初6205号民事判决，向本院提起上诉。本院于2020年3月18日立案后，依法组成合议庭审理了本案，现已审理终结。

太保公司上诉请求：撤销原审判决，依法改判驳回钱伟诉讼请求；一、二审诉讼费用由钱伟承担。事实与理由：涉案车辆经钱伟改装、拆卸座椅，用于运送货物，使用性质从家庭自用转变成公司运货，保险标的的使用范围、用途均发生改变。改装后车辆的操作性、制动性与车辆出厂核载参数不可能保持一致，保险标的的危险程度显著增加，才导致在运货途中发生了事故，故本案不属于保险合同约定的赔偿范围。公司是独立法人，钱伟运输的是公司货物，不能等同于运输家庭自有货物，一审据此认定涉案车辆的使用范围、用途未改变，认定事实错误。

被上诉人钱伟辩称：一审认定事实清楚，适用法律正确，请求二审法院驳回上诉，维持原判。

钱伟向一审法院起诉请求：判令太保公司支付车辆维修费30000元、拖吊施救费1300元、医药费511.65元，合计31811.65元并承担本案的诉讼费用。

一审法院认定如下事实：

2018年12月15日，钱伟为其名下的苏B×××××号车辆向太保公司投保机动车损失险、车上司机责任险及不计免赔险，其中车辆损失险限额为54530元，车上司机责任险限额为10000元，保险期间自2018年12月15日起至2019年12月14日止。2019年7月1日15时30分许，钱锡辉驾驶苏B×××××小型普通客车，在无锡市机场路段，因避让车辆发生侧翻，造成车辆损坏、钱锡辉受伤的交通事故；经无锡市公安局新吴分局交通警察大队认定，本次事故钱锡辉负全部责任。

事故发生后，发生如下损失：（1）无锡市意法停车服务有限公司对事故车辆实施了救援，发生拖吊施救费1300元；（2）无锡金风汽车销售服务有限公司对苏B×××××号车辆进行了修理，发生维修费30000元；（3）钱锡辉在无锡市人民医院进行治疗，产生医疗费511.65元，钱锡辉于2019年10月14日出具情况说明，明确该索赔权益由钱伟向保险公司主张。

一审中，太保公司提供了向驾驶员钱锡辉所作的事故询问记录（复印件）和事故现场照片（复印件），钱锡辉在询问记录中陈述，其在2019年7月1日14时30分左右驾驶苏B×××××车辆从雄风机车厂出发去华庄送货，当时车子后排椅子翻开，车上装了6箱（1200）个电动车控制器，行驶到高浪路过机场路高架，避让车辆时车子翻车，造成本次事故；事故现场照片显示，事故车辆后排座椅被拆除，送货单显示所送货物为1200套10A充电器铝壳共6箱。

一审法院认为，钱伟与太保公司之间的保险合同关系成立，双方均应按约履行义务。钱伟投保的车辆在保险期间内发生保险事故，致使投保车辆损坏及人员受伤，钱伟因此支付相应拖吊施救费、修理费及医药费，太保公司应依据保险合同的约定，在机动车损失险、车上司机责任险的保险范围内予以赔付。钱伟将车辆座椅拆除仅是为了运送自家货物，而非增加车辆乘客座位数，不应视为危险程度显著增加的车辆改装。太保公司未提供证明座椅拆除产生车辆制动性及操控性问题的证据，亦未具体说明座椅拆除与车辆引发事故存在何种因果关系，故对太保公司提出的因案涉车辆改装造成车辆制动性、操控性产生问题，造成该起事故的抗辩，不予支持。钱伟陈述为其自家企业运送货物，这不同于以运输谋利，且太保公司未提供家庭自用车不得运输自有货物的约定，因此不能由此确定保险车辆使用范围、用途进行了改变，故对太保公司提出案涉车辆使用性质改变，危险程度显著增加的抗辩，不予采信。

综上所述，一审法院对钱伟要求太保公司支付相应费用的主张，予以支持。依照《中华人民共和国保险法》第十四条、第二十三条第一款，《中华人民共和国民事诉讼法》第一百四十二条之规定，判决太保公司于判决发生法律效力之日起10日内支付钱伟车辆维修费30000元、施救费1300元、医药费511.65元，合计31811.65元。如果其未按判决指定的期间履行给付金钱义务，应当依照《中华人民共和国民事诉讼法》第二百五十三条之规定，加倍支付迟延履行期间的债务利息。一审案件受理费596元，减半收取298元，由太保公司负担（钱伟预交的诉讼费用由太保公司向其直接支付，法院不再退还，由太保公司在本判决发生法律效力之日起10日内向钱伟支付）。

一审查明事实正确，本院予以确认。

二审中，太保公司提供一份其公司内部报价单，以证明其公司七座家庭自用车与最小吨位为2吨以下的企业非营业用车按投保100万元的机动车商业三者险相比，企业非营业用车的费率要高出300多元。钱伟经质证认为上述证据与本案并无关联，两种车辆没有可比性。

审理中，本院要求双方核实钱伟投保车辆在太保公司投保期间的出险情况，太保公司出具情况说明称钱伟2014年12月14日至2019年12月14日的交强险，2014年12月15日至2019年12月15日的商业险，均由其公司承保。其中2016年4月20日、2017年3月11日出过两次险，均是简单碰擦、正常理赔，未显示车辆有载货情况。

钱伟陈述,涉案车辆为其于2016年开设的一人有限公司运货,其公司还有辆货车,一般货物比较多时会用该货车运货,有时用涉案车辆运。涉案车辆的座椅拆卸后可以再安装,其平常不运货以及运送少量货物时都是不拆座椅正常使用的。其此前出险均是简单碰擦,未有载货情形。本案中,事故发生时车辆虽有载货,但不能认为装载货物就影响了交通安全,且交警部门并未针对车辆超载作出处罚。车上装6箱共计1200个铝壳电动车控制器,不会很重,不能认定载货导致交通事故发生。

以上由报价单、情况说明、当事人陈述等在卷佐证。

本案二审的争议焦点为:钱伟拆卸涉案客车座椅后用于运输公司货物,是否构成太保公司免于承担保险责任的事由?

本院认为,保险合同依法成立后对双方具有约束力,发生保险事故的,保险人应当按照合同约定承担赔偿或给付保险金的责任。但是,在合同有效期内,保险标的危险程度显著增加的,被保险人应当按照合同约定及时通知保险人,否则因保险标的的危险程度显著增加而发生的保险事故,保险人不承担赔偿或给付责任。本案的主要争议在于如何判定“危险程度显著增加”这一法定的被保险人通知义务发生条件?对此,首要应当考察法律、行政法规对被保险人在管理和使用保险标的过程中有无规范要求,特别是与安全有关的禁止规定或技术规范,如果被保险人的相关行为存在明显的违法性,则应当对该违法行为是否与安全有关进行考察,并将此作为判断危险程度是否显著增加的重要标准。此外,《最高人民法院关于适用〈中华人民共和国保险法〉若干问题的解释(四)》第四条提出,应当从保险标的出现如用途、使用范围、所处环境、是否存在改装、使用人或者管理人改变、危险程度增加所持续时间以及其他可能导致危险程度显著增加的因素等几个方面的变化来综合考虑危险程度显著增加的事实是否成立。该规定同时明确,保险标的增加危险程度属于保险合同订立时保险人预见或者应当预见的保险合同承保范围的,不构成危险程度显著增加。

本案中,根据一、二审已经查明的事实可知,案涉车辆的用途已被被保险人从小型普通客车改为自己所设立的公司运输货物车辆,且该用途改变具有长期性,所涉方式具有多变性,即不运货以及运送少量货物不拆座椅正常使用,而载货较多则拆除座椅使用。案涉事故发生时,保险标的系处于拆除了座椅运输货物途中的状态。据此,对照是否构成“危险程度显著增加”评判标准,分别评述如下:

1. 从法律、行政法规对客车载货进行严格规范的应然性角度考察。根据《中华人民共和国道路交通安全法实施条例》第五十四条的规定,机动车载物不得超过机动车行驶证上核定的载质量，装载长度、宽度不得超出车厢，并明确载客汽车除车身外部的行李架和内置的行李箱外，不得载货。根据《机动车运行安全技术条件》（GB 7258－2019）、《汽车、挂车及汽车列车外廓尺寸、轴荷及质量限制》（GB 1589－2016）、《机动车类型、术语和定义》（GA 802－2014）等国家标准及相关文件，客车设计和制造主要用于载运人员，而货车主要用于载运货物，故国家针对客车与货车在外廓尺寸、轴荷、质量限值、制动系统、安全防护等方面设置的强制性标准存在多种差异，厂商根据国家强制性标准和车辆使用的具体需求设计的客车与货车在装载空间、载质量、制动、操作功能等方面也存在明显差别。如擅自将客车非载货空间用于载货，从常理即可推知会不同程度改变客车的质量和空间使用状态，影响车辆行驶过程中的操作与制动，进而危及车内人员安全，且因机动车参与公共交通，该问题也会给公共交通安全带来隐患。因此，《中华人民共和国道路交通安全法实施条例》将此确定为禁止性行为。涉案车辆属于客车，除本身设置的行李架和行李箱外不得载货，而使用人将车辆座椅部位拆除用于装货，明显违背了《中华人民共和国道路交通安全法实施条例》关于安全性问题的禁止性规定，因此，该行为属于法律推定为危害行车安全的行为，如果钱伟认为该行为未危害保险标的的运行安全，应当对此负有反证责任。

2. 从客车违规载货与事故发生因果关系的实然性角度考察。根据交通事故责任认定书和交警部门的询问笔录，涉案车辆被拆除后排座椅并装载6箱（1200个）电动车控制器，在行驶过程中为避让车辆而翻车，导致车辆损坏、驾驶员受伤，交警部门认定车辆驾驶员对本次事故负全部责任。虽然交警部门并未明确装载货物对车辆翻车事故的影响，太保公司也未提供其他证据证明两者之间有直接的因果关系，但从驾驶员被认定承担全部责任可知，翻车事故非因他人道路交通违规行为或其他外力因素导致，此情形下推定事故发生是因驾驶员不当驾驶及车辆和载货因素引起符合常理。如果车辆的重量或重心发生与车辆原本设计所不符的变化，在驾驶员急速避让时车辆平衡与制动发生问题的概率将会增大。该判断符合一般的重力学原理。本案被保险人拆除客车全部后排座椅用以装载更多货物，且在事实上，翻车事故发生时保险标的恰恰装载了包装外形较大的6箱货物，导致行车安全存在上述不利因素。如前所述，实施私自拆卸车辆座椅并违法改变车辆用途的行为不涉及投保车辆的行驶安全的事实，应当由主张该事实成立的被保险人钱伟承担举证责任。在此情况下，钱伟如主张违规载货情形与本案翻车事故并无因果关系，应当提供相关证据证明，现其未能就该主张提供证据证明，因此,应当认定发生翻车并致人受伤、财产发生损失的保险事故发生与涉案客车违规载货存在一定的因果关系。

3. 从合理区分人为增加交通工具危险性程度的角度考察。行为人的行为是否属于在法律许可范围内合理利用交通工具最大化实现物尽其用原则的行为是开展合理性评价的重要依据。人民法院在对日常生产生活中利用客车搭载货物的情形进行判断时应根据使用目的、方式、状态等综合判断其合理性及人为增加危险性的程度。如为家庭及工作生活需要,偶尔用自用客车座椅部位装载较少的家具、商品等,因为所用时间较短、发生次数较少、造成安全事故的可能性较低,故不宜以此认定为使保险标的危险程度显著增加的行为。但是,如果为持续的商业用途需要在较长时间段内不定期或固定将客车用于载货,会使车辆的安全隐患在较长时间内存在,可以认定为对车辆的不合理使用,使车辆危险程度显著增加。本案中,钱伟将家用客车拆除座椅后在较长时间内不定期用于公司运输货物,且在载货期间发生了翻车的交通事故,该情形应当认定为车辆危险程度显著增加。

此外,虽然太保公司与钱伟存在长期的交强险与商业险保险合同关系,且在2016年4月20日、2017年3月11日出险两次,但根据双方陈述,均是简单碰擦、正常理赔,未显示车辆有载货情况。因此,保险标的用于被保险人设立公司货物运输的增加危险不属于保险人预见或者应当预见的情形。据此,钱伟将客车座椅拆除后用于公司载货,使车辆危险程度显著增加,但其并未通知太保公司,且无证据证明太保公司曾发现该情形并继续承保,故车辆因此发生交通事故后,太保公司有权拒绝理赔。

特别需要指出的是,安全生产是经济发展的底线,在服务社会经济发展大局过程中,必须树牢安全发展理念,加强安全生产监督,切实维护人民群众生命财产安全。这就必然要求要加强安全生产监管,分区分类加强安全监管执法,严肃执行法律、行政法规关于安全生产的有关规定。机动车作为日常交通工具,是社会经济发展的要素,行车安全不仅事涉车辆使用人的生命健康和财产安全,也是公共安全的重要领域。从强化风险防控,从根本上消除事故隐患,有效遏制重特大事故发生的角度出发,应当尽可能杜绝私自改装、违法变更机动车辆用途等行为。因此,从社会导向和执法效果考虑,对私自拆卸座椅变更机动车用途的行为亦应当作出不利评价。

综上所述,太保公司的上诉请求成立,应予支持;一审判决认定事实清楚,但适用法律存在不当,应予纠正。依照《中华人民共和国保险法》第五十二条、《中华人民共和国道路交通安全法实施条例》第五十四条、《最高人民法院关于适用〈中华人民

共和国保险法〉若干问题的解释(四)》第四条、《中华人民共和国民事诉讼法》第一百七十条第一款第二项之规定,判决如下:

一、撤销无锡市新吴区人民法院(2019)苏0214民初6205号民事判决;

二、驳回钱伟的诉讼请求。

一审案件受理费596元,减半收取298元,由钱伟负担;二审案件受理费596元,由钱伟负担(二审案件受理费已由太保公司预交,因当事人已明确同意自行交接,故钱伟应当于本判决作出之日10日内直接向太保公司支付)。

本判决为终审判决。

审 判 长　潘华明
审 判 员　毛云彪
审 判 员　张朴田
二〇二〇年六月十七日
法官助理　李　佳
书 记 员　沈秋月

江苏省人民代表大会常务委员会任免名单

（2022 年 11 月 25 日江苏省第十三届人民代表大会常务委员会第三十一次会议通过）

任命陈翔为省高级人民法院刑事审判第一庭副庭长、审判员；

任命杜涛、姚盛中、武金成、李佳鸿、王天奇、于静、杨红旗、宋大振为省高级人民法院审判员；

任命朱思源为南京海事法院审判员；

任命邓建云为徐州铁路运输法院院长；

任命房涛为徐州铁路运输法院审判委员会委员、审判员；

任命王静、杨洋为徐州铁路运输法院审判员；

免去郑立新的徐州铁路运输法院院长、审判委员会委员、审判员职务；

免去于泓的省高级人民法院审判委员会委员、民事审判第六庭庭长、审判员职务；

免去杜月秋、张丽华的省高级人民法院审判员职务；

免去邓建云的徐州铁路运输法院副院长职务。

欢迎订阅 2023 年《江苏省高级人民法院公报》

《江苏省高级人民法院公报》(以下简称《公报》)由江苏省高级人民法院审判委员会主办,是唯一公开介绍江苏省法院司法审判工作的官方权威文献,是江苏省高级人民法院对外公布权威信息、规范性文件等重要司法文件、典型案例、案件裁判文书以及其他适宜公开的司法信息资料的法定出版物。

《公报》主要栏目中,重要文献包括法院工作报告、工作要点、重要领导讲话等;司法文件包括指导审判工作的指南、通知、纪要等规范性文件;审判动态包括审判工作整体态势分析、相关类案审理情况等;参阅案例指供全省法院审理参考的具有指导意义的裁判范例;裁判文书指在制作内容、形式等方面具有示范、典型意义的裁判文书;司法信息包括指导性案例裁判摘要、案例指导工作动态以及其他应当公知的信息等。

《公报》反映了江苏省高级人民法院审判委员会对法的精神和各类法律难题的权威司法观点,它不仅是所有法律人士的必备资料,也是司法机关司法、政府部门执法以及仲裁、调解人员解决纠纷的重要参考,更是公民和企事业单位依法维权的有效依据。一册在手,权威便捷;重要观点,精华速览;深入浅出,易读易懂。它将助您解决困扰不已的法律难题!

《江苏省高级人民法院公报》全年共 6 辑,2023 年每辑定价 15 元,总定价 90 元(含递送资费)。订阅者请按要求填写征订单并汇款至**法律出版社有限公司**,相关问题咨询、订单查询请直接与法律出版社有限公司联系。另务请将征订单(第二联)发邮件或寄至《江苏省高级人民法院公报》编辑部,以便监督。

联系地址(负责监督):江苏省南京市宁海路 75 号　　邮政编码:210024
收 件 人:《江苏省高级人民法院公报》编辑部　　缪　芳　左一凡
联系电话:(025)83785651/(025)83785610

联系地址(负责发行订购):法律出版社有限公司
详细地址:北京市丰台区莲花池西里 7 号法律出版社综合业务楼　邮政编码:100073
联系人:郭孟(010)83938360　　李世强(010)83938361　　冯高琼(010)83938073

《江苏省高级人民法院公报》征订单(第一联)

第一联:发书凭证(寄法律出版社有限公司) 20　年　月　日

订购单位		邮政编码	
详细地址		联 系 人	
订购数量		联系电话	
汇款金额		全年定价 90 元/份,每份共 6 辑	
汇款方式:银行(　　)　邮局(　　)　　个人汇款姓名:(　　　　)			
开发票信息(可只填税号或统一信用代码一项)		纸质发票(　　)　电子发票(　　)	
税号或统一信用代码			
地址及电话			
开户行及账号			
如果可以接受电子发票,请留电子邮箱			

特别提示:①请务必在 2023 年 9 月 10 日前将本联填写清楚连同汇款回执传真至 010-83938359,或拍照(扫描)后发邮件至 2641702055@qq.com,或寄回法律出版社有限公司(地址见汇款须知)。②如需发票请注明,发票单独邮寄。③如通过邮局汇款,务请在汇款单附言栏里注明订购书名及份数。

《江苏省高级人民法院公报》征订单(第二联)

第二联:监督凭证(寄江苏省高级人民法院) 20　年　月　日

订购单位		邮政编码	
详细地址		联 系 人	
订购数量		联系电话	
汇款金额		全年定价 90 元/份,每份共 6 辑	
备　　注			

特别提示:请将此联发邮件至 jsfyalbj@163.com 或寄回《江苏省高级人民法院公报》编辑部(邮寄地址:江苏省南京市宁海路 75 号,左一凡收,邮政编码:210024)。

汇 款 须 知

银行汇款:

开户行:中国工商银行北京六里桥支行

账　号:**02002 81019 02040 1503**

户　名:法律出版社有限公司

联系人:郭孟(010)83938360　　李世强(010)83938361　　冯高琼(010)83938073

订单发送邮箱:2641702055@qq.com　　传　真:(010)83938359

邮寄地址:北京市丰台区莲花池西里 7 号法律出版社综合业务楼(邮政编码:100073)